21世纪应用型创新实践实训教材

成本会计实训教程

徐梅鑫　余良宇　◎　主　编

清华大学出版社
北京

内 容 简 介

模拟实训是整合课堂教学与公司实务的有效途径之一。通过综合性的实训模拟,不仅可以强化学生课堂理论知识,丰富课堂教学内容,还能提升会计操作技能,做到真正地理论联系实际。《成本会计实训教程》通过结合企业生产行业特性,模拟企业生产经营环境,从而将成本会计学科中成本核算的方法具体化到实务中。本书分为两部分:第一部分绪论为实训相关内容介绍;第二部分,即后续四章,主要为成本会计各知识点的实训内容。本书实训案例及数据涵盖成本核算的全过程,以便于读者更全面地实践具体的成本核算。本书适合用于高等院校本科生会计学、审计学等专业的实训教学,也可用于企业会计从业人员的相关培训等。

本书封面贴有清华大学出版社防伪标签,无标签者不得销售。
版权所有,侵权必究。侵权举报电话: 010-62782989,beiqinquan@tup.tsinghua.edu.cn。

图书在版编目(CIP)数据

成本会计实训教程/徐梅鑫,余良宇主编. —北京:清华大学出版社,2021.1(2025.2重印)
21世纪应用型创新实践实训教材
ISBN 978-7-302-57149-0

Ⅰ. ①成… Ⅱ. ①徐… ②余… Ⅲ. ①成本会计—高等学校—教材 Ⅳ. ①F234.2

中国版本图书馆 CIP 数据核字(2020)第 256993 号

责任编辑:高晓蔚
封面设计:李伯骥
责任校对:宋玉莲
责任印制:杨 艳

出版发行:清华大学出版社
网　　址:https://www.tup.com.cn, https://www.wqxuetang.com
地　　址:北京清华大学学研大厦 A 座　　　　　邮　编:100084
社 总 机:010-83470000　　　　　　　　　　　邮　购:010-62786544
投稿与读者服务:010-62776969, c-service@tup.tsinghua.edu.cn
质量反馈:010-62772015, zhiliang@tup.tsinghua.edu.cn
印 装 者:三河市人民印务有限公司
经　　销:全国新华书店
开　　本:185mm×260mm　　印　张:11.5　　字　数:219 千字
版　　次:2021 年 1 月第 1 版　　　　　　　　印　次:2025 年 2 月第 3 次印刷
定　　价:45.00 元

产品编号:086909-01

21世纪应用型创新实践实训教材编委会

主 任 委 员：刘 斌
副主任委员：黄顺泉　李国民　朱晓怀
委员（按姓氏拼音排序）：

陈　磊　甘昌盛　甘胜军　郭志英
黄顺泉　李　丹　李国民　刘　斌
蒲　实　田建芳　肖康元　徐梅鑫
余良宇　赵耀忠　郑卫茂　朱晓怀

序

　　国家"互联网+"战略的实施加速了"大智移云"时代的到来,给经济活动和社会发展带来深远影响。企业财会工作向信息化、智能化转变,财会工作岗位所要求的理论素养和实践技能也随之发生深刻变革。这一变革对于高等院校人才的培养模式、教学改革以及学校转型发展都提出了新的要求。自2015年起,上海市教育委员会持续开展上海市属高校应用型本科试点专业建设工作,旨在提高学生综合素质,增强学生创新和实践能力。

　　上海海事大学会计学专业始创于1962年,是恢复高考后于1978年在上海市与原交通部所属院校中率先复办的专业,以会计理论与方法在水运行业的应用为特色。进入21世纪后,上海海事大学会计学专业对会计人才的培养模式进行了全方位的探索与实践,被列入上海市属高校应用型本科试点专业建设,将进一步促进专业的发展,增强专业的应用特色。

　　教材是实现人才培养目标的重要载体,依据"应用型本科试点专业"的目标定位与人才培养模式的要求,上海海事大学经济管理学院组织编撰"21世纪应用型创新实践实训系列教材"。本系列教材具有以下特点。

　　(1) 系统性。本系列教材不仅涵盖会计学专业核心课程的实践技能,还涵盖管理学、经济学和统计学等学科基础课程的实践技能,并注重课程之间的交叉和衔接,从不同维度培养学生的实践应用能力。

　　(2) 真实性。本系列教材的部分内容来源于企业的真实资料,例如,《中级财务会计实训教程》《成本会计实训教程》《审计学实训教程》的资料,来源于某大型交通制造业企业;《财务软件实训教程》的资料来源于财务软件业知名企业;《财务管理实践教程》的资料来源于运输企业。

　　(3) 创新性。本系列教材在内容结构上进行了新的探索与设计,突出了按照会计岗位对应实践技能需求的特色,教学内容得到了优化整合。

　　(4) 校企融合性。本系列教材的编撰人员具有丰富的教学和实践经验,既有双师型高校教师,也有企业会计实务专家。

　　相信本系列教材的出版,在更新知识体系、增强学生实践创新能力、培养应用型人才等方面能够发挥预期的作用,提升应用型本科试点专业的建设水平。

2020年7月

前言

成本会计课程是高校会计学专业设置的主干课程之一。作为会计学发展过程中的重要分支,成本会计的核心理论及思想尤为重要。实务中,成本会计以企业具体生产过程的生产费用及经营过程的期间费用为主要核算对象,并提供产品成本、劳务成本及经营管理费用等方面的信息,从而为有效提高企业成本管理与控制提供重要的数据支持和分析依据。

成本会计不仅需要扎实的理论功底,还需要熟练的实操技能,因此对传统课堂教学和理论学习提出了更高的要求。为了满足培养高素质、高技能人才的需求,实验实训性教学显得尤为重要。《成本会计实训教程》就是在理论学习的基础上,通过具体案例实训的方式,模拟企业实际业务,从而使学生能够熟练运用成本会计相关的理论知识,更加高效地进行实务成本核算和分析处理。这本身也是对成本会计理论知识的进一步梳理与掌握。

本教材以某机械制造企业为例,结合企业生产成本数据的模拟,让学习者进一步熟悉掌握产品成本核算的一般流程、各类成本费用的分配与归集方法以及基本的成本核算方法。本书由徐梅鑫老师、余良宇老师主编。具体分工情况如下:徐梅鑫老师负责编写绪论"实训大纲"、第一章"成本会计核算实训综述"、第二章"要素费用的归集和分配"、第四章"生产费用在完工产品与在产品之间的分配"四章;余良宇老师负责编写第三章"辅助生产费用与制造费用的归集和分配"、第五章"产品成本计算的基本方法"两章。教材文字部分由徐梅鑫老师汇编、校对。

本教材为"上海市属高校应用型本科试点专业"建设教材。教材在编写过程中得到了上海海事大学经济管理学院各位领导、老师的帮助和大力支持。此外,我们还特地走访调研了本教材提及的案例企业,得到企业的支持与帮助。在此对本教材出版过程中给予帮助的所有人员和老师表示衷心感谢!

由于编者水平有限,书中错误和不足在所难免,诚望读者给予批评指正。

编　者

2020 年 10 月

目 录

绪论 实训大纲 ··· 1
 一、实训概况 ·· 1
 二、实训安排 ·· 1

第一章 成本会计核算实训综述 ··· 4
 第一节 成本会计核算原理 ··· 4
  一、成本会计及核算 ·· 4
  二、成本核算流程 ·· 4
  三、成本核算要求 ·· 8
 第二节 机械制造企业生产特点及成本核算 ······························ 10
  一、机械制造企业生产特点 ·· 10
  二、成本核算案例企业概况 ·· 11
 第三节 成本会计核算实训的基本要求 ·································· 12
  一、实训目的 ··· 12
  二、实训要求 ··· 13

第二章 要素费用的归集和分配 ·· 14
 实训1 材料费用的归集 ··· 14
  一、实训目的 ··· 14
  二、知识链接 ··· 14
  三、实训要求 ··· 16
  四、实训资料 ··· 16
 实训2 材料费用的分配 ··· 21
  一、实训目的 ··· 21
  二、知识链接 ··· 21
  三、实训要求 ··· 23

四、实训资料 ………………………………………………………………… 23

实训 3　人工费用的归集和分配 …………………………………………………… 31
　　一、实训目的 ………………………………………………………………… 31
　　二、知识链接 ………………………………………………………………… 32
　　三、实训要求 ………………………………………………………………… 34
　　四、实训资料 ………………………………………………………………… 34

实训 4　外购动力费用的归集和分配 ……………………………………………… 46
　　一、实训目的 ………………………………………………………………… 46
　　二、知识链接 ………………………………………………………………… 46
　　三、实训要求 ………………………………………………………………… 48
　　四、实训资料 ………………………………………………………………… 48

实训 5　固定资产折旧费用的归集和分配 ………………………………………… 57
　　一、实训目的 ………………………………………………………………… 57
　　二、知识链接 ………………………………………………………………… 57
　　三、实训要求 ………………………………………………………………… 58
　　四、实训资料 ………………………………………………………………… 59

第三章　辅助生产费用与制造费用的归集和分配 ………………………………… 67

实训 6　辅助生产费用的归集和分配 ……………………………………………… 67
　　一、实训目的 ………………………………………………………………… 67
　　二、知识链接 ………………………………………………………………… 67
　　三、实训要求 ………………………………………………………………… 70
　　四、实训资料 ………………………………………………………………… 70

实训 7　制造费用的归集和分配 …………………………………………………… 92
　　一、实训目的 ………………………………………………………………… 92
　　二、知识链接 ………………………………………………………………… 92
　　三、实训要求 ………………………………………………………………… 94
　　四、实训资料 ………………………………………………………………… 94

实训 8　生产损失的归集和分配 …………………………………………………… 101
　　一、实训目的 ………………………………………………………………… 101
　　二、知识链接 ………………………………………………………………… 102
　　三、实训要求 ………………………………………………………………… 104
　　四、实训资料 ………………………………………………………………… 104

第四章 生产费用在完工产品与在产品之间的分配 ·········· 108

实训 9 定额成本法 ·········· 108
一、实训目的 ·········· 108
二、知识链接 ·········· 108
三、实训要求 ·········· 109
四、实训资料 ·········· 110

实训 10 定额比例法 ·········· 115
一、实训目的 ·········· 115
二、知识链接 ·········· 115
三、实训要求 ·········· 117
四、实训资料 ·········· 117

实训 11 约当产量法 ·········· 121
一、实训目的 ·········· 121
二、知识链接 ·········· 121
三、实训要求 ·········· 123
四、实训资料 ·········· 123

第五章 产品成本计算的基本方法 ·········· 133

实训 12 品种法 ·········· 133
一、实训目的 ·········· 133
二、知识链接 ·········· 133
三、实训要求 ·········· 135
四、实训资料 ·········· 135

实训 13 分批法 ·········· 144
一、实训目的 ·········· 144
二、知识链接 ·········· 145
三、实训要求 ·········· 146
四、实训资料 ·········· 146

实训 14 逐步综合结转分步法 ·········· 152
一、实训目的 ·········· 152
二、知识链接 ·········· 152
三、实训要求 ·········· 155
四、实训资料 ·········· 155

实训 15　平行结转分步法 ·· 160
　　一、实训目的 ·· 160
　　二、知识链接 ·· 160
　　三、实训要求 ·· 162
　　四、实训资料 ·· 162
附录　企业产品成本核算制度(试行) ································· 168

绪论

实训大纲

一、实训概况

1. 适用范围：会计学、财务管理等相关专业。
2. 配套课程名称：成本会计。
3. 实训目的和要求

本书以某机械制造企业为例，结合企业生产数据，设计了一系列成本会计实训，涵盖成本核算的全过程。通过对本书实训的操作，学生将对所学成本会计知识的认识与理解有所加深，并结合对成本会计相关资料与经济业务的分析，运用课堂教学的理论知识，掌握成本会计核算的一般业务流程、核算技术的应用条件与操作方法、成本核算专项技术的特点与适用条件，掌握成本会计报表的编制与报表信息分析方法，培养动手能力，巩固理论教学成果。

4. 实训重点内容

（1）成本会计基本核算流程；

（2）成本会计基本业务分析与核算方法。

5. 实训所需的资料。

各实训项目中列出。

二、实训安排

1. 课程安排说明

（1）单独设置"成本会计实训"课程，结合课时安排设计实训内容；

（2）作为"成本会计"课程辅助教学，可减少相应课时，与主干课程交替进行。

2. 实训内容

本教材主体共包含五章，第一章为实训大纲；实训内容位于第二章至第五章。实训总数共为 15 个。具体实训项目分配如表 0-1 所示。

表 0-1 实训项目安排介绍

实训序号	实训项目名称	实训内容和目的
实训 1	材料费用的归集	通过对企业材料费用的归集： (1) 了解材料费用的内容和特点； (2) 熟悉生产费用按经济内容的分类。
实训 2	材料费用的分配	通过对已归集材料费用的分配： (1) 掌握相关材料费用分配的方法； (2) 掌握相应的账务处理。
实训 3	人工费用的归集和分配	通过对企业员工工资薪酬的归集和分配： (1) 了解人工薪酬的内容； (2) 掌握人工费用的计算、汇总和分配的具体程序、步骤； (3) 掌握相应的账务处理。
实训 4	外购动力费用的归集和分配	通过对企业外购动力费用的归集和分配： (1) 了解外购动力费用的内容； (2) 掌握外购动力归集分配的方法和处理。
实训 5	固定资产折旧费用的归集和分配	通过对企业折旧费用的归集和分配： (1) 了解折旧费用的内容； (2) 掌握折旧费用归集和分配的程序； (3) 掌握相应的账务处理。
实训 6	辅助生产费用的归集和分配	通过对辅助生产费用的归集和分配： (1) 了解辅助生产部门的特点； (2) 熟悉辅助生产费用的内容； (3) 掌握辅助生产费用归集方法； (4) 掌握相应的账务处理。
实训 7	制造费用的归集和分配	通过对制造费用的归集和分配： (1) 了解制造费用的范围； (2) 熟悉制造费用分配的工作原理； (3) 掌握制造费用的分配方法。 (4) 掌握相应的账务处理
实训 8	生产损失的归集和分配	通过对生产损失的归集和分配： (1) 了解生产损失的内容和范围； (2) 掌握制造生产损失归集和分配的工作原理和具体分配方法； (3) 掌握相应的账务处理。

续表

实训序号	实训项目名称	实训内容和目的
实训 9	定额成本法	通过对定额成本法的计算： (1) 理解定额成本法的内涵和适用范围； (2) 掌握该方法的具体操作程序及其特点； (3) 掌握相应的账务处理。
实训 10	定额比例法	通过对定额比例法的计算： (1) 理解定额比例法的内涵和适用范围，特别是定额成本法与定额比例法在使用和适用上的差异； (2) 掌握该方法的具体操作程序及其特点； (3) 掌握相应的账务处理。
实训 11	约当产量法	通过对约当产量法的计算： (1) 理解作为在产品、产成品成本分配主要方法——约当产量法的内涵； (2) 灵活运用约当产量法，掌握该方法的具体操作程序和特点； (3) 掌握相应的账务处理。
实训 12	品种法	通过对品种法的计算和运用： (1) 了解品种法的适用范围和类型； (2) 掌握品种法的成本计算程序和特点，重点掌握典型品种法的工作原理。
实训 13	分批法	通过对分批法的计算和运用： (1) 了解分批法适用范围和内涵； (2) 掌握典型分批法工作原理和特点，特别是分配法成本计算对象的确定。
实训 14	逐步综合结转分步法	通过对逐步综合结算分步法的计算和运用： (1) 了解逐步综合结转分步法的内涵； (2) 掌握综合结转分步法的工作原理和特点。
实训 15	平行结转分步法	通过对平行结转分步法的计算和运用： (1) 了解平行结转分步法的内涵； (2) 掌握平行结转分步法的工作原理和特点，特别是掌握逐步结转分步法和平行结转分步法存在的差异和优缺点。

成本会计核算实训综述

第一节 成本会计核算原理

一、成本会计及核算

成本会计是社会经济发展到一定历史阶段的产物,它是随着社会经济发展过程而逐步形成和发展起来的。现代会计系统可分为财务会计和管理会计两类。上述两者的主要区别在于使用者不同,财务会计主要目的是向企业内外的信息使用者,比如供应商、金融机构、股东、消费者、政府机构等相关者提供财务状况、经营成果等财务信息;而管理会计更侧重于企业内部各管理层的决策使用,更长远点,就是为了帮助企业实现企业战略目标。这时,作为财务会计的延伸分支,成本会计演变为财务会计与管理会计的混合物,不仅需要为财务会计服务,同时也要为管理会计提供数据信息。

总而言之,成本会计的作用机理是根据成本核算和其他相关财务资料,结合现代统计分析工具和原理,对企业日常生产经营活动进行预测、决策、控制、分析和考核,以此推动企业实现最优化运营,实现企业战略经营目标,从而在市场上取得足够的竞争能力。

一般来说,成本会计的内容可以从狭义和广义来看:狭义的成本会计仅仅是对企业生产经营业务涉及的成本数据和经营管理相关的费用进行核算;广义的成本会计不仅仅是简单核算,还需要对上述成本数据和费用进行有效预测和决策、具体规划、合理控制、准确分析和考核等。因此,可以这么认为,成本核算仅仅是成本会计工作中的一项基础工作而已。

二、成本核算流程

制造成本核算的一般程序,就是将生产经营管理过程中发生的各项要素费用按经济用途归类反映的过程。为了将生产费用计入各成本计算对象,计算出各成本计算对象的制造成本,有必要建立一个完整的账户体系。小规模的制造企业,由于各生产车间较小,成本核算不需分车间、部门进行;但大中型企业由于其自身规模较大,一般需要分车间、部门进行成本核算。

概括起来,成本核算主要有以下几个步骤。

1. 成本核算账户设置

一般性的制造企业进行成本核算需要设置生产成本、制造费用、库存商品、销售费用、管理费用、财务费用等总账和相应的明细账。其中,最主要的账户是生产成本和制造费用账户。此外,为了分别核算基本生产成本和辅助生产成本,还应在该一级账户下,分别设置"基本生产成本"和"辅助生产成本"两个二级账户进行明细核算。企业可以根据自身规模大小和业务需要,自主选择是否将"生产成本"进行具体细分。

对于制造业以外的行业企业,如商品流通企业、交通运输企业、建筑施工企业、邮电通信企业、餐饮服务企业等,尽管在生产经营业务内容和流程上各有特点,但按照现行企业会计准则的有关规定,中间发生的各种费用,同样可以划分为企业生产经营业务成本和期间费用。因此,可以将成本会计对象统一归纳为各行业企业生产经营业务的成本和有关的经营管理费用,简称成本、费用。

2. 要素费用归集与分配

生产经营管理费用可以按其性质进行划分,主要有以下三部分:劳动对象消耗、劳动手段消耗和活劳动中必要劳动消耗。这三类资源耗费是生产不可或缺的三大要素,也可将其称为企业生产经营管理费用三要素。

(1) 材料费用是产品生产成本的重要组成部分,是指企业为进行生产经营管理活动而耗用的一切从外部购入的原料、主要材料、辅助材料、半成品、包装物、修理用备件、低值易耗品以及各种燃料等。首先,材料费用的归集,这里需要涉及材料的计价,主要有实际成本计价和计划成本计价两种方法。其中,实际成本计价又可分为先进先出法、加权平均法、个别计价法等。计划成本计价,企业应准确计算发出材料需要承担的材料成本差异,进而将材料计划成本调整为实际成本。方法一经确定,不可随意变更。其次,材料费用分配方面,如果出现几种产品共同耗用材料的情况,则需要按照一定的分配标准在各产品之间进行分配,如定额类(定额消耗量、定额消耗额等)、消耗类(生产工时、生产工资、机器工时等)、成果类(产品重量、产量等)。

(2) 燃料和动力费用的归集分配与材料费用基本相同。

(3) 职工薪酬费用也是产品生产成本的主要组成部分,其内容包括职工工资、奖金、津贴和补贴,职工福利费,养老保险、医疗保险、失业保险、生育保险、住房公积金(简称五险一金)、工会经费、非货币性福利等。该类费用可以按照计时或计件的方法计算。通常计时工资有月薪制、日薪制、时薪制等方法,企业结合自身实际情况,选择合适的薪酬计算方法,同样需要遵循一贯性原则,方法一旦确定,不可随意更改。如果出现共同的计时工资费用,需要按照一定比例进行分配;计件工资不存在分配问题,可以直接接入具体产品成本中。

(4) 其他如固定资产折旧、低值易耗品等一般不单独设置成本项目,而是根据受益对象、发生地点和用途分别计入制造费用、管理费用等科目中。固定资产的折旧方法,一般为年限平均法、工作量法、双倍余额递减法和年数综合法等,企业需要根据自身业务所涉及的固定资产所含经济利益的预期实现方法选择合适的折旧方法。低值易耗品摊销主要有一次摊销法、分期摊销法和五五摊销法等。

3. 辅助生产费用归集与分配

对于设置辅助生产车间来提供相应劳务的企业来说,需要专门核算辅助生产费用,并在"生产成本——辅助生产成本"进行归集,月末再将这些费用按照一定的方法分配到各受益部门。第二种方式也可以通过设置"制造费用"进行归集,但本书主要采用第一种方式。根据分配的复杂性和企业业务处理需要,主要有五种分配方法:直接分配法、顺序分配法、一次交互分配法、计划成本分配法和代数分配法。

(1) 直接分配法,是指在分配辅助生产费用时,不考虑辅助生产在车间之间相互提供劳务的情况,而是将费用直接分配给辅助生产车间以外的各受益部门的方法。

(2) 顺序分配法,是按辅助生产车间施惠量和受益量多少的顺序分配辅助生产费用的一种方法。该方法首先需要做的就是按照施惠量或受益量进行排序,其中受益量少的排在前,受益量多的排在后;反之,施惠量多的在前,施惠量少的在后。排序后就可以按照顺序进行分配,分配中遵循"前者分配给后者,后者不可分配给前者"的原则,即分配的不可逆性,按顺序展开分配。

(3) 一次交互分配法,简称交互分配法,首先考虑的是辅助生产车间之间的交互影响,再考虑辅助生产车间以外各受益部门。因此,该方法主要分为两个步骤。第一步骤需要根据辅助生产车间提供劳务的总量及所发生的服务费用总额,计算交互分配前的费用分配率,然后根据各辅助生产车间的受益量和单位服务成本进行一次交互分配。这一步骤也可称为对内分配。第二步骤为对外分配,将各辅助生产车间交互分配后的实际费用按对外提供产品或劳务的数量,在辅助生产车间以外各受益部门进行分配。

(4) 计划成本分配法,首先需要按照提供劳务、作业的计划单位成本和各受益部门实际接收劳务、作业的受益量进行分配,然后将计划分配额与实际费用的差额进行调整分配的一种辅助生产费用的分配方法。如果差异金额较大,可将差异对辅助生产车间以外的各受益对象进行追加分配;如果差异金额较小,为了简化分配工作,可以将辅助生产成本差异全部计入管理费用,不再分配各受益部门。需要说明的是,此处如为追加计入管理费用,做正常分录或记账处理即可,若为冲减管理费用,选择红字冲账法,不做相反分录或记账处理。

(5)代数分配法,是根据数学中解联立方程组的原理,分别求出各辅助生产车间提供作业、劳务的单位成本,并据以分配各辅助生产费用的一种方法。

上述五种方法存在各自的优缺点和适用范围,从准确性上来讲,代数分配法是最精确的方法,直接分配法由于直接忽略掉辅助生产车间内部的交互分配,一般认为准确性最差。而在实务过程中,交互分配法/计划成本分配法运用得比较多。

4. 制造费用的归集分配

制造费用属于间接费用。当生产车间生产不止一种产品时,制造费用发生时一般无法直接判断它所归属的成本计算对象,因而不能直接计入所生产的产品成本,它必须按费用发生的地点先行归集,月终时再采用一定的方法在各种计算对象间分配,才能计入各种成本计算对象的成本。

制造费用的分配方法一般为实际分配率法、预定分配率法和累计分配率法三种。

(1)实际分配率法,应根据各车间和分厂归集的制造费用和耗用分配标准总量,分别计算出各自相应的制造费用分配率,然后根据该分配率和各产品耗用的分配标准量计算出各产品应负担的制造费用。分配过程中,常见的分配标准有生产工人工时、生产工人工资、机器工时等。

(2)预定分配率法,又称年度计划分配法,是按照各生产单位年度的制造费用预算和计划产量的定额工时事先确定的预定分配率分配制造费用的方法。但由于是对计划分配额进行分配,因此实际发生额与计划分配额之间会出现差额。该差额于年末一次性调整计入12月份产品成本,1月至11月月末,制造费用科目可能有余额,余额视为待摊或预提费用。

(3)累计分配率法,是按照累计的制造费用和累计的分配标准量,先计算出累计分配率,然后根据累计分配率和本月完工产品累计的分配标准量分配制造费用的一种方法。平时制造费用月末可能有余额,余额可视为在产品成本的一个组成部分,即期末存货的成本。

5. 生产费用在完工产品和在产品之间的分配

生产费用在完工产品与在产品之间的分配,是产品成本计算工作中一个重要而复杂的问题。如果分配不当,就会造成在产品成本与完工产品成本不准确,进而直接影响到对企业成本计划完成情况的考核及产品销售利润计算的准确性。常用的分配方法有不计算在产品成本法、在产品按固定成本计价法、在产品按原材料费用计价法、在产品按完工产品成本计算法、在产品按定额成本计价法及定额比例法、约当产量法等。若原材料费用在产品成本中所占比重较大,且原材料是在生产开始时一次就全部投入,为简化成本计算工作,也可以按照原材料费用计价法;若月末在产品已接近完工,或者产品已经加工完毕,但尚未验收或包装入库,为简化成本计算工作,可将月末在产品视为完工产品,按照完工产品成本计价法。因此,归纳起来,总共有上述7种方法来进行生产费用的分配。

以上产品成本的账务处理程序,实际上就是分清费用界限的过程。将其整合起来,就是制造成本核算的一般程序,具体如图1-1所示(图中序号与上述步骤相对应)。

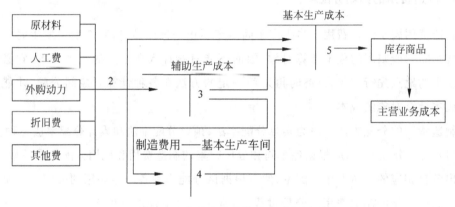

图1-1　产品成本核算流程示意图

三、成本核算要求

制造业在产品生产过程中,会发生各种各样的费用,为保证该企业产品成本的准确性,必须对发生的费用进行审核和控制,正确划分各种费用支出的界限,并根据企业生产特点和管理要求,选择适当成本计算方法。因此,为充分发挥成本核算的作用,正确、及时地提供有用的信息,在成本核算中应符合以下要求。

1. 做好各项基础工作

基础工作是成本核算发挥作用的根本。及时、准确地提供有用成本信息的前提是前期基础工作的严谨、充分。

首先,企业需要建立健全的原始记录制度。正常生产经营过程中的材料、燃料等消耗、物资收发和领退、产品的产量与质量、半成品、在产品的转移、产成品的入库与发出、财产物资的盈亏毁损等都需有原始记录,且必须真实、及时、规范。其次,建立健全定额管理制度。定额有助于企业成本计划的有效开展,对后续成本核算也有很大帮助,特别是企业在工时、材料燃料、费用开支等方面。但定额的制定必须结合企业自身生产技术和管理工作的水平,根据平均先进水平制定合适的定额数值;此外,根据实际情况或水平的变化,定期进行修订。再次,建立健全的材料物资计量、收发、检验和盘点制度。物资计量主要针对其进出和消耗来说的。计量是为了保证物资数量的准确性。材料、半成品、完工产品等物资在进厂入库时,必须进行验收检查,不仅要对技术证件进行严格查验之外,还需按标准进行化验检查,确保产品的质量。领料过程中需要按照生产计划、事先确定好的消耗定额等进行严格控制。若出现剩余物资,必须及时地办理退料手续。同时,物资仓库还需定期进行盘点,确定盈亏结果,报批相关部门和人员进行及时处理。最后,建立健全厂内计划价格。对于计划管理基础较好的企业来说,一般都会有完善的内部价格制度。这有便于后续分析考核企业内部各单位的成本计划完成情况。因此,原材料、半成品、备用件、低值易耗品等,都需提前制定统一的计划价格。

2. 严格执行国家规定的成本开支范围和费用开支标准

企业进行成本核算,首先要根据国家给有关的法规和制度,以及企业的成本计划和相应的消耗定额,对企业的各项费用进行审核,确定是否列属于成本开支范畴;不同用途的费用应由不同的渠道进行开支。费用开支标准也许严格执行,比如固定资产和低值易耗品的划分标准如何,应付福利费的提取比例多少等。严格遵守国家规定的成本开支范围和费用开支标准,不仅能确保产品成本的真实、准确性,还能有助于企业横纵向的产品成本对比。

3. 正确划分各种产品成本的界限

为了正确计算产品成本,反映企业真实的盈利水平,必须在以下五个方面进行正确的界限划分:第一,正确划分生产经营管理费用支出与其他支出的极限;第二,正确划分产品制造成本和经营管理费用的界限;第三,正确划分各个会计期间的生产费用的界限;第四,正确划分不同产品的费用界限;第五,正确划分完工产品与在产品的费用界限。以上五个方面费用界限的划分,基本是逐步聚焦、由大到小的路径。其中应贯彻谁受益谁负担的原则,来明确成本的划分。

4. 选择合适的成本计算方法

企业在进行成本核算时,应根据本企业的具体情况,选择适合于企业特点的成本计算方法进行成本计算。成本计算方法应根据企业的生产特点和管理要求来选择。产品成本是在生产过程中形成的,生产组织和工艺过程不同的产品,应该采用不同的成本计算方法。此外,对管理要求不同的产品,也应该采用不同的成本计算方法。实务中,同一企业内部,可以采用一种成本计算方法,也可采用多种成本计算方法。

第二节　机械制造企业生产特点及成本核算

一、机械制造企业生产特点

全球经济发展直接带动着港口机械制造企业的成长。港口业务量、吞吐量日渐提升,这也要求我们加强关注影响经济、财务效益的主要因素。这对装卸设施也提出了更高要求。如何保持该类型机械生产的竞争优势,很大程度上取决于成本管理的有效性。其中,我们首先要熟悉港口机械产品的生产特点与生产模式,通常该类型生产具有以下几类生产特点。

(1) 订货式按需生产:港口装备制造企业通常会根据客户所在的设施使用条件,进行按需设计和生产。因此,通常情况下,其生产到最终交货的周期较一般产品来说要长很多。比如,在接受客户要求,签订销售合同后,生产企业还需要提前对产品进行精准的设计,并及生产前期准备工作,这也导致这类设备的生产交货周期较长。此外,跟标准化产品生产所不同的是,按需生产会带来各种不确定性,这也对生产所需的原材料(主要指钢材)、装配部件等要求也会不同,从而增加了生产的复杂性。

(2) 单件、小批生产:由于上述按需生产的业务特性,导致这类产品的生产特点通常为单件式或小批式。这类大型装备的使用外部条件不同,所以需要单独对每项产品进行设计,并制订相应的生产计划。进而,生产计划的不同,产品零部件需求上也会出现差异。因此,对于这种无法实现标准化生产的制造企业来说,如何保证生产的稳步开展,降低不确定性、复杂性带来的风险,这在生产上和管理上对企业提出了更高的要求,不可避免地也增加了企业额外的生产费用。

(3) 复杂式装配生产:大型装备通常采用的是装配式生产模式。除了自制配件,事实上,很多零部件、配套件都需要外协采购。而这一现状对生产本身及生产周期又带来很大的影响。因此,稳定、固定的外部供应商与外协工厂也会提升装备生产的竞争力度。因此,作为企业本身,就需要合理规范的对企业外协件与零部件供应商进行管理,提高生产效率,降低企业生产成本。

二、成本核算案例企业概况

实训案例企业为大型装备生产制造企业。该企业业务类型多样,其主要经营范围为大型装卸设备、大型金属结构及部件配件的生产制造,以及在此基础上延伸的相关修理、施工安装、租赁等业务。由于产品、设备的特殊性,公司需要配备足够规模的大型生产基地。

该公司实行厂部一级核算。其完整的生产成本主要是指在大型设备制造过程中所发生的生产费用总和。其成本核算所涉及主要部门如下。

(1) 设备基建部:包含设备维修部、运输部等辅助部门。以各自提供劳务作为成本计算对象,设置辅助生产明细账,归集与分配各项生产费用。各辅助部门不单独核算制造费用。

(2) 物资供应部:根据产品设计提供的原材料(主要为钢材,如钢板、型钢、钢管等)以及零部件需求,制订产品所需钢材、结构件及配套件的采购和生产计划,产品的最终成本直接受到这一部分价格成本的影响。

(3) 生产准备部:结构件的生产主要由生产准备部加工车间完成。

(4) 钢构部:下设钢构车间。根据产品设计与原材料采购计划,制订详细的产品生产计划和产品工艺路线,该部门直接产生制造费用和人工费用,并影响到产品的最终材料成本。其中主要涉及钢结构的生产制作。

(5) 装配车间:该车间主要进行标准大件的组装和装配,涉及钢结构和结构件的使用。

(6) 三装相关:包含电装、总装、涂装等部门车间。

此外,还包括支付给生产工人的工资、奖金、工资性质的津贴等,各项固定资产应计提折旧、燃料动力等。

钢结构作为大型设备生产的主要组成部分,从其重要性出发,钢结构在基础产品生产中规模和产量也是最大的。因此,在上述成本中,钢构部所产生的成本占比较大。钢构部具体生产工艺如下:首先,原材料入库领料,主要为钢材。这一环节主要由物资供应部的二级部门钢材处完成。第二,对领用的型钢进行预处理,包括对钢材进行校平、校直和临时防锈漆涂抹等。第三,采用数控切割技术进行放样、下料。最后,由若干钢板或钢材拼接,形成钢结构。这主要是由于组块结构尺寸较大的缘故,这类拼板作业涉及焊接、涂装等工艺。这一系列环节主要由钢构车间来操作完成。

为加强后续实训的可操作性和可理解性,本教材对上述操作流程进行了简化,仅对完整工艺流程的前半部分(虚线左)作为实训主体。这部分生产任务主要集中在公司下属生产基地。具体如图 1-2 所示。

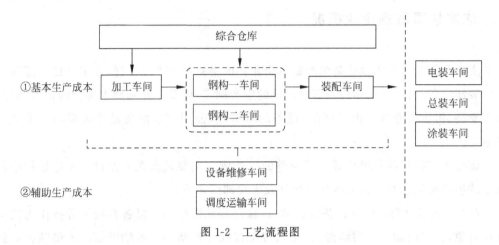

图 1-2　工艺流程图

本教材模拟实训业务期间为 2020 年 5 月 1 日至 5 月 31 日，后续实训日期均同。结合后续实训具体资料，上述涉及部门的具体产品资料如下。

① 综合仓库：主要提供 7 种类型原材料，分别为 GYC001、GYC002、GYC003、JYC001、JYC002、XH001、XH002。

② 加工车间：主要生产 3 种类型结构件产品，分别为 JG-01 型、JG-02 型、JG-03 型。

③ 钢构一车间：主要生产 2 种类型钢结构产品，分别为 GGY-01 型、GGY-02 型。

④ 钢构二车间：主要生产 1 种类型钢结构产品，为 GGE-01 型。

⑤ 装配车间：主要组装 3 种类型整合产品，分别为 ZP-01 型、ZP-02 型、ZP-03 型。

第三节　成本会计核算实训的基本要求

一、实训目的

传统实践教学主要是让学生下到基层企业单位，在校内老师和校外企业人员的指导下，从事具体的实践操作。但这种方式存在多种局限性：(1)由于企业本身具有固定的工作流程和节奏，对在校生的实习安排上往往无法全面到位；(2)企业财务资料，特别是成本资料往往具有高度的商业机密性，一般不愿接受会计实习生，即使接受，也一般不会让学生介入具体的经济业务处理中去。这也导致实习流于形式，实习内容难以深入，达不到预期的目标；(3)每个企业的成本核算较为固定，不能全面地接触到成本会计所涵盖全部内容，训练效果有所降低。

本实训教材则是主要针对成本会计学中各种成本核算方法而编写的综合性实操训练。结合生产的行业特性,模拟企业生产经营环境,全面练习成本会计中各种核算的方法,使学生能在较短时间内熟悉大型装备生产的成本核算特点,将所学会计核算知识学以致用,做到真正地理论联系实际。

二、实训要求

(1)学生应提前阅读本套教材相关内容,掌握每个实训项目的目的和要求,熟悉模拟企业的概况及有关资料,并结合成本会计教材认真预习相关知识点。

(2)实训操作中,充分理解成本含义,理解成本核算方法的差异和成本核算的重要性。

(3)每个实训项目的数字计算必须准确;文字或数字的书写要规范清晰;对于错账需要采用正确的更正方法。

(4)实训要求使用统一模拟会计凭证和账簿页。实训中,要求将原始凭证规范地粘贴在相关记账凭证后。

(5)每个实训项目完成后,将所用的凭证、账簿按规范的方法装订成册,并进行妥善保管。

(6)全部实训由学生本人独立完成。

第二章

要素费用的归集和分配

实训1　材料费用的归集

一、实训目的

通过对企业材料费用的归集,了解材料费用的内容和特点,熟悉生产费用按经济内容的分类。本实训主要针对材料费用的归集。

二、知识链接

费用按照经济内容的不同可分为若干个要素费用,这些要素费用可以包括外购材料、外购燃料、外购动力、工资及职工福利、折旧费、其他支出等。而产品成本中的材料费用,则主要跟产品生产工艺有关,具体指产品生产工艺过程中直接消耗的原料及主要材料、辅助材料、外购半成品、燃料、修理用备件、周转材料等。

在成本核算时,对产品所耗用的材料费用归集是进行材料分配的基础和前提。这里重点说明以下注意事项。

(1) 材料费用具体归集的方法与财务会计中存货的方法相同。在材料核算中,只有材料发出的核算与材料费用有关。材料收、发、存的日常核算,可以按实际成本计价进行,也可以按计划成本计价进行。如采用计划成本核算,会计期末应调整为实际成本。企业应当根据各类材料的实物流转方式、企业管理要求、材料的性质等具体实际情况,合理确定发出材料成本的计算方法,以及当期发出材料的实际成本。此外,材料计价方法一经确定,不得随意变更。

(2) 在具体实务归集过程中,领用材料原始凭证主要包括领料单、限额领料单和领料登记簿等。企业应根据领料的具体情况,选择恰当的领料凭证(实训1主要采用是领料单）。在生产过程中领用的材料品种、数量很多，因此为了明确责任、便于分配，在领用材料时，应办理必要的手续。总之，对于生产经营耗用的各种材料，应根据手续完备记录正确的领退料凭证，定期按其用途归汇总，并据此进行相关材料费用的归集。

（3）归集完毕后就需明确材料费用的具体用途，并进行合理科学的分配。总的来说，对于用于产品生产并构成产品主要实体或有助于产品形成的各种材料，应本着直接材料费用直接接入、间接材料费用分配计入的原则，具体分配及账务处理如下。

① 直接用于产品生产所需的原料、主要材料以及辅助材料等本料费用，应当计入"生产成本——基本生产成本"科目及相应的产品成本计算单中的"直接材料"成本项目。凡可直接计入有关成本计算对象的，应当直接计入；凡是几个成本计算对象共同耗用的，应采用既较合理又较简便的分配方法，分配后计入各种成本计算对象的"直接材料"成本项目。材料费用分配通常采用定额消耗量比例法、定额消耗额比例法、产品产量/重量比例法等。具体分配方法在实训2中会有相关介绍。

② 用于辅助生产所需的原料、主要材料以及辅助材料等材料费用，应归集计入"生产成本——辅助生产成本"科目。

③ 用于生产车间和企业管理部门的一般消耗性材料，应按照领料部门和材料用途归集计入"制造费用"和"管理费用"科目。

④ 材料退回和废料回收时，应根据原料凭证和废料交库凭证按材料领用时的用途归类，扣减原领的材料费用。月末车间结存的材料，即使下月生产需用，也要办理"假退料"手续，不能列为本月的费用支出。

⑤ 在实际工作中，材料费用的归集主要通过上述各类领料、发料、退料凭证进行"材料发出汇总表"。而对于其他非直接材料或涉及多个产品共用的直接材料，则需通过分配才能确定最终产品成本，该分配一般通过"材料费用分配表"进行。这种分配表应该按照材料的用途（具体运用到哪类产品的生产）和材料类别，根据归类后的领料凭证编制，作为材料费用分配记账的依据。具体参见实训2。

具体实务过程中，对于材料费用的归集需要使用"材料发出汇总表"。该表是指企业对于材料领发的一种汇总凭证，也是企业进行材料发出总分类核算的依据。通常在每月月终编制，也可每旬或每周汇总一次，到月底进行加总。材料发出汇总表也叫发料汇总表或发料凭证汇总表。要根据材料领发凭证，按照材料类别和各使用单位进行整理汇总。该表的用途仅仅是归集所发出的材料，而无法判断具体材料型号的用途。这也是要素费用的特点，它能够反映了"耗费什么"，却无法反映"为什么耗费"。

三、实训要求

根据本月各部门领用材料单据,编制"材料发出汇总表"。

四、实训资料

(一)归集示意图

如图 2-1 所示。

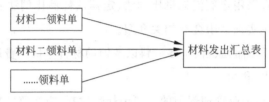

图 2-1 材料发料归集示意图

(二)实训具体资料

实训案例企业的材料日常发出领用核算程序具体如下:从综合仓库领用材料,月末由各用料单位及部门的专职人员根据各种领退料凭证进行汇总,最后由核算部人员进行金额汇总。综合仓库共发出 6 种材料,分别用于加工车间、钢构一车间、钢构二车间的生产和管理部门使用等。

2020 年 5 月,该公司具体各部门领用材料信息如表 2-1 至表 2-13 所示。

表 2-1 领料单

领料部门:钢构一车间　　　　　　2020 年 5 月 3 日　　　　　　发料仓库:综合仓库

材料类别	材料名称规格	计量单位	数量		单价(元)	金额(元)	备注
			请领	实领			
原材料	GYC001 型	千克	8 000	8 000	4	32 000	用于生产 GGY-01
合计							

表 2-2　领料单

领料部门：钢构二车间　　　　2020 年 5 月 6 日　　　　发料仓库：综合仓库

材料类别	材料名称规格	计量单位	数量		单价(元)	金额(元)	备注
			请领	实领			
原材料	GYC003 型	千克	7 500	7 500	3	22 500	用于生产GGE-01
	合计						

表 2-3　领料单

领料部门：钢构一车间　　　　2020 年 5 月 7 日　　　　发料仓库：综合仓库

材料类别	材料名称规格	计量单位	数量		单价(元)	金额(元)	备注
			请领	实领			
原材料	GYC003 型	千克	9 000	9 000	3	27 000	用于生产GGY-01 和GGY-02
	合计						

表 2-4　领料单

领料部门：加工车间　　　　2020 年 5 月 7 日　　　　发料仓库：综合仓库

材料类别	材料名称规格	计量单位	数量		单价(元)	金额(元)	备注
			请领	实领			
原材料	JYC001 型	千克	1 200	1 200	5	6 000	用于生产JG-01
	合计						

表 2-5　领料单

领料部门：钢构一车间　　　　　　　2020 年 5 月 10 日　　　　　　　发料仓库：综合仓库

材料类别	材料名称规格	计量单位	数量		单价（元）	金额（元）	备注
			请领	实领			
原材料	GYC002 型	千克	5 000	5 000	4	20 000	用于生产 GGY-02
	合计						

表 2-6　领料单

领料部门：钢构二车间　　　　　　　2020 年 5 月 11 日　　　　　　　发料仓库：综合仓库

材料类别	材料名称规格	计量单位	数量		单价（元）	金额（元）	备注
			请领	实领			
原材料	GYC003 型	千克	6 000	6 000	3	18 000	用于生产 GGE-01
	合计						

表 2-7　领料单

领料部门：加工车间　　　　　　　　2020 年 5 月 12 日　　　　　　　发料仓库：综合仓库

材料类别	材料名称规格	计量单位	数量		单价（元）	金额（元）	备注
			请领	实领			
原材料	JYC002 型	千克	2 000	2 000	3.5	7 000	用于生产 JG-03
	合计						

表 2-8 领料单

领料部门:钢构一车间　　　　2020 年 5 月 18 日　　　　发料仓库:综合仓库

材料类别	材料名称规格	计量单位	数量		单价(元)	金额(元)	备注
			请领	实领			
原材料	GYC001 型	千克	3 000	3 000	4	12 000	用于生产 GGY-01
	GYC002 型	千克	2 100	2 100	4.5	9 450	用于生产 GGY-02
	合计						

表 2-9 领料单

领料部门:加工车间　　　　2020 年 5 月 22 日　　　　发料仓库:综合仓库

材料类别	材料名称规格	计量单位	数量		单价(元)	金额(元)	备注
			请领	实领			
原材料	JYC001 型	千克	4 000	4 000	5	20 000	用于生产 JG-01、JG-02 和 JG-03
	JYC002 型	千克	2 500	2 500	3.5	8 750	用于生产 JG-03
	合计						

表 2-10 领料单

领料部门:钢构一车间　　　　2020 年 5 月 23 日　　　　发料仓库:综合仓库

材料类别	材料名称规格	计量单位	数量		单价(元)	金额(元)	备注
			请领	实领			
原材料	GYC001	千克	2 000	2 000	4	8 000	用于生产 GGY-01
	GYC003	千克	2 000	2 000	3	6 000	用于生产 GGY-02
	合计						

表 2-11　领料单

领料部门：钢构一车间　　　　　　　2020 年 5 月 23 日　　　　　　　发料仓库：综合仓库

材料类别	材料名称规格	计量单位	数量		单价(元)	金额(元)	备注
			请领	实领			
原材料	XH001	千克	200	200	2.5	500	钢构一车间一般耗用
		合计					

表 2-12　领料单

领料部门：行政部门　　　　　　　　2020 年 5 月 23 日　　　　　　　发料仓库：综合仓库

材料类别	材料名称规格	计量单位	数量		单价(元)	金额(元)	备注
			请领	实领			
原材料	XH002	千克	100	100	5	500	行政部门一般耗用
		合计					

表 2-13　领料单

领料部门：钢构二车间　　　　　　　2020 年 5 月 25 日　　　　　　　发料仓库：综合仓库

材料类别	材料名称规格	计量单位	数量		单价(元)	金额(元)	备注
			请领	实领			
原材料	XH002	千克	120	120	5	600	钢构二车间一般耗用
		合计					

根据本月各部门领用材料单据,编制"材料发出汇总表"(表 2-14)。

表 2-14　材料发出汇总表

2020 年 5 月　　　　　　　　　　　　　　　　　　　　　　　单位:元

会计科目	领料部门	原材料							合计
		GYC001	GYC002	GYC003	JYC001	JYC002	XH001	XH002	
基本生产成本	加工车间								
	钢构一车间								
	钢构二车间								
	小计								
制造费用	钢构一车间								
	钢构二车间								
	小计								
管理费用	行政部门								
	小计								
合计									

实训 2　材料费用的分配

一、实训目的

通过对已归集材料费用的分配,掌握相关材料费用分配的方法和相应的账务处理。

二、知识链接

材料费用的分配就是按照材料用途把费用计入成本计算对象中去,凡能分清某一成本计算对象的费用,应单独列示,直接计入该对象的产品成本计算单中,属于几个成本计算对象共同耗用的材料,应该选择适当的方法,分配计入各成本计算对象的产品成本。其主要问题是分配原则与对象、归集与分配等问题。

(一) 材料费用的分配原则与对象

重要性原则是材料费用分配的主要原则。凡在产品成本中占有较大比重的,应该以单独的成本项目"直接材料"列示,而对于那些比重较小的材料费用,即使是直接计入费用,为了简化成本核算,也可将其列入制造费用,与其他制造费用一起进行分配。

分配对象的确认同样重要。归集完毕材料非后,所需要解决的一个问题就是如何知晓材料的具体用途,这就需要明确使用材料的具体对象,或者说材料费用的分配对象。该分配对象应根据企业产品生产的特点和管理上的要求来确定。一般而言,基本生产耗用的材料费用应由基本生产的各产品负担,辅助生产消耗的材料应由辅助生产的产品或劳务承担,各生产车间及管理部门所消耗的各种间接材料应分别由制造费用以及管理费用等承担。

(二) 材料费用的分配及账务处理

材料费用可采用分配标准有定额消耗量(额)比例、产品产量/重量比例等,因此相对应的可采用分配方法主要有定额消耗量(额)比例法、产品产量比例分配法、产品重量比例分配法等。在学习不同分配方法时,应准确理解不同计算方法的概念内涵、优缺点、适用范围和具体的计算过程。此外,在确定分配方法时,应尽可能使分配标准符合实际,力求体现多耗用多分配、少耗用少分配的原则。以下则分别介绍各种分配方法。

定额消耗量(额)比例分配法。若无须计算每种材料的实际消耗数量(额),则可采用材料定额消耗量(额)的比例直接分配材料费用的方法,计算出每种产品应分配的材料费用。这种方法是以各产品的材料定额消耗总量(总额)为标准分配材料实际消耗量的方法。该分配方法适用于定额管理基础较好,各项消耗定额或费用定额比较准确、稳定,各月末在产品数量变动较大的产品。以下计算公式主要针对定额消耗量作为分配标准的情况,具体如下:

某种产品材料定额消耗量 = 该种产品实际产量 × 产品材料定额消耗量

$$材料消耗量分配率 = \frac{材料实际消耗总量}{各种产品材料定额消耗量之和}$$

某种产品应分配的材料实际消耗量 = 该种产品的材料定额消耗量 × 材料消耗量分配率

某种产品应分配的材料实际费用 = 该种产品分配的材料实际消耗量 × 材料单价

为了简化,有时也可直接采用按材料定额消耗量比例直接分配材料实际费用(材料实际消耗总量×材料单价)的方法。其计算公式如下:

某种产品材料定额消耗量＝该种产品实际产量×产品材料定额消耗量

$$材料费用分配率 = \frac{材料实际费用总额}{各种产品材料定额消耗量之和}$$

某种产品应分配的材料实际消耗量＝该种产品的材料定额消耗量×材料消耗量分配率

产品重量比例分配法。这种方法是根据各种产品的重量比例来分配材料费用,而且只在产品所耗用材料的多少与产品重量有直接联系的情况下,可采用这种方法。在计算时,首先根据材料费用总额除以各种产品重量之和,计算初材料费用分配率;然后用每种产品的重量乘以材料费用分配率,计算出每种产品应分配的材料费用。

产品产量比例分配法。这种方法是根据各种产品的产量比例来分配材料费用,而且在产品的产量与其所耗的材料密切相关的情况下,可采用这种方法。在计算时,首先根据材料费用总额除以各种产品实际产量之和,计算出材料费用分配率;然后再用每种产品的产量乘以材料费用分配率,计算出每种产品应分配的材料费用。

具体实务操作过程中,主要通过"材料费用分配表"完成。

通过材料费用分配,明确各产品生产所需实际材料成本,进而进行相应的账务处理,具体可参见实训1知识链接部分。

三、实训要求

(1) 根据本月发生材料费用,运用定额耗用量比例法编制"材料费用分配表"。计算中间结果保留四位小数,最终结果保留两位小数。

(2) 根据"材料费用分配表",编制相关记账凭证。

(3) 根据记账凭证,登记相关成本费用明细账。

四、实训资料

(一) 归集示意图

如图2-2所示。

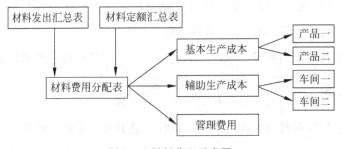

图 2-2　材料分配示意图

（二）实训具体资料

2020年5月，根据实训1提供的领料单及"材料发出汇总表"显示，共同耗用材料情况主要发生在钢构一车间和加工车间：该企业下属钢构一车间主要生产两种型号的钢结构产品，该类型钢结构产品可以在不同定制的大型装卸设备生产中使用，是其后续总装的标准化钢结构；加工车间主要生产三种型号的结构件产品，该类结构件主要应用到装配生产线中，同样为标准化产品。

上述两车间从仓库领用并共同耗用原材料的情况如下：①钢构一车间领用GYC003型原材料用于GGY-01、GGY-02和GGY-03产品的共同生产，其领用数量为9 000千克，每千克3元，金额共计27 000元；②加工车间领用JYC001型原材料用于JG-01和JG-02产品的共同生产，其领用数量为4 000千克，每千克5元，金额共计20 000元。

表2-16、表2-17罗列了所用原材料GYC001、GYC002、GYC003、JYC001、JYC002的计划单价（也可参见实训1中领料单原材料单价）；XH001、XH002计划单价分别为2.5元、5元。

本实训做了相应简化，主要针对加工和钢构两大生产车间的材料费用分配，不涉及辅助生产车间和装配车间。"材料定额汇总表"汇总了加工车间和钢构一车间的材料定额耗用量情况。此外，产品生产时原材料为开始时一次性投入。2020年5月，车间具体生产信息及材料费用分配如下：

（1）根据本月发生材料费用，运用定额耗用量比例法编制"材料费用分配表"①（表2-15至表2-18）。

---

①实务过程中，很多产品在生产过程中需要使用两种或两种以上的材料。本实训主要针对这种情况，使用定额耗用量法进行分配时需注意具体材料类型。

表 2-15 车间生产产量统计表

车间	产品项目	已完工	未完工	废品	备注
加工车间	JG-01	130	20	0	
	JG-02	106	24	0	
	JG-03	195	35	0	
钢构一车间	GGY-01	78	12	0	
	GGY-02	62	8	0	
钢构二车间	GGE-01	72	8	0	
装配车间	JP-01	30	2	0	
	JP-02	25	4	0	
	JP-03	18	3	0	
合计		716	116	0	

表 2-16 加工车间材料定额汇总表

2020 年 5 月

产品项目	材料定额(JYC001)		材料定额(JYC002)	
	单位产品定额耗用量（千克）	计划单价（元）	单位产品定额耗用量（千克）	计划单价（元）
JG-01	15	5	—	—
JG-02	10	5	—	—
JG-03	8	5	12	3.5

表 2-17 钢构一车间材料定额汇总表

2020 年 5 月

产品项目	材料定额(GYC001)		材料定额(GYC002)		材料定额(GYC003)	
	单位产品材料消耗定额（千克）	计划单价（元）	单位产品材料消耗定额（千克）	计划单价（元）	单位产品材料消耗定额（千克）	计划单价（元）
GGY-01	150	4	—	—	120	3
GGY-02	—	—	140	4.5	60	3

表 2-18 材料费用分配表

2020 年 5 月 31 日 单位：元

会计科目			成本费用项目	直接耗用材料	分配率			合计
总账	二级账	明细账			材料定额耗用量	分配率	分配费用	
基本生产成本	加工车间	JG-01	原材料					
		JG-02	原材料					
		JG-03	原材料					
		小计						
	钢构一车间	GGY-01	原材料					
		GGY-02	原材料					
		小计						
	钢构二车间	GGE-01	原材料					
		小计						
制造费用		钢构一车间	原材料消耗					
		钢构二车间	原材料消耗					
		小计						
管理费用		管理部门	物料消耗					
		小计						
合计								

(2) 根据"材料费用分配表",编制相关记账凭证①(表 2-19 至表 2-21)。

表 2-19　转账凭证

年　月　日　　　　　　　　　　　　　凭证号数：

摘要	总账科目	明细科目	借方金额									贷方金额								
			千	百	十	万	千	百	十	元	角	分	千	百	十	万	千	百	十	元	角	分
	合计																					

财务主管　　　　　　　　记账　　　　　　　　复核　　　　　　　　制单

表 2-20　转账凭证

年　月　日　　　　　　　　　　　　　凭证号数：

摘要	总账科目	明细科目	借方金额									贷方金额								
			千	百	十	万	千	百	十	元	角	分	千	百	十	万	千	百	十	元	角	分
	合计																					

财务主管　　　　　　　　记账　　　　　　　　复核　　　　　　　　制单

---

① 根据业务实际情况,如果会计科目较多,可以根据需要增加记账凭证的页数,即一笔经济业务需要填制两张或者两张以上记账凭证。具体做法如下：采用分数编号法编号,如 1 号会计事项分录需要填制三张记账凭证,就可以编成 1(1/3)、1(2/3)、1(3/3)号。

表 2-21　转账凭证

年　月　日　　　　　　　　　　　　　　　　　　　　　凭证号数：

摘要	总账科目	明细科目	借方金额											贷方金额										
			千	百	十	万	千	百	十	元	角	分	千	百	十	万	千	百	十	元	角	分
合计																						

财务主管　　　　　　　记账　　　　　　　复核　　　　　　　制单

（3）根据记账凭证，登记相关成本费用明细账（表2-22至表2-30）。

表 2-22　基本生产成本明细账

产品名称：JG-01　　　　　　　生产车间：加工车间　　　　　　　单位：元

2020年		凭证号数	摘要	成本项目				合计
月	日			直接材料	直接人工	燃料及动力	制造费用	

表 2-23　基本生产成本明细账

产品名称：JG-02　　　　生产车间：加工车间　　　　单位：元

2020年		凭证号数	摘要	成本项目				合计
月	日			直接材料	直接人工	燃料及动力	制造费用	

表 2-24　基本生产成本明细账

产品名称：JG-03　　　　生产车间：加工车间　　　　单位：元

2020年		凭证号数	摘要	成本项目				合计
月	日			直接材料	直接人工	燃料及动力	制造费用	

表 2-25　基本生产成本明细账

产品名称：GGY-01　　　　生产车间：钢构一车间　　　　单位：元

2020年		凭证号数	摘要	成本项目				合计
月	日			直接材料	直接人工	燃料及动力	制造费用	

表 2-26 基本生产成本明细账

产品名称：GGY-02　　　　　生产车间：钢构一车间　　　　　　　　单位：元

2020 年		凭证号数	摘要	成本项目				合计
月	日			直接材料	直接人工	燃料及动力	制造费用	

表 2-27 基本生产成本明细账

产品名称：GGE-01　　　　　生产车间：钢构二车间　　　　　　　　单位：元

2020 年		凭证号数	摘要	成本项目				合计
月	日			直接材料	直接人工	燃料及动力	制造费用	

表 2-28 制造费用明细账

生产车间：钢构一车间　　　　　　　　　　　　　　　　　　　　　单位：元

2020 年		凭证号数	摘要	成本项目					合计	转出
月	日			原材料	职工薪酬	水电费	折旧费	其他		

表 2-29 制造费用明细账

生产车间：钢构二车间　　　　　　　　　　　　　　　　　　　　　　　　　　　单位：元

2020年		凭证号数	摘要	成本项目					合计	转出
月	日			原材料	职工薪酬	水电费	折旧费	其他		

表 2-30 管理费用明细账

部门名称：行政部门　　　　　　　　　　　　　　　　　　　　　　　　　　　　单位：元

2020年		凭证号数	摘要	成本项目					合计	转出
月	日			物料消耗	职工薪酬	水电费	折旧费	其他		

实训3　人工费用的归集和分配

一、实训目的

通过对该企业员工工资薪酬的归集和分配，了解人工薪酬的内容，掌握人工费用的计算、汇总和分配的具体程序、步骤及账务处理。

二、知识链接

（一）工资总额和职工薪酬

这里需要先区分两个易混淆的概念：工资总额和职工薪酬。工资总额是指各单位在一定时期内直接支付给本单位全部职工的劳动报酬总额。工资总额的计算应以直接支付给职工的全部劳动报酬为根据，主要由六部分组成：计时工资、计件工资、奖金、津贴和补贴、加班加点工资、特殊情况下支付的工资等。"工资总额"过去属于统计范畴的概念，而目前，除了仍然具有统计意义外，更主要的还可用于计算各单位缴纳各项社保金和企业年金的基数。

"职工薪酬"则属于企业会计准则的概念。根据财政部颁布的《企业会计准则第9号——职工薪酬》的规定，"职工薪酬"是指企业为获得职工提供的服务或解除劳动关系而给予的各种形式的报酬或补偿。职工薪酬包括短期薪酬、离职后福利、辞退福利和其他长期职工福利。企业提供给职工配偶、子女、受赡养人、已故员工遗属及其他受益人等的福利，也属于职工薪酬。从该准则的有关规定来分析，"职工薪酬"所包含的人员范围和项目范围，要远远超过"工资总额"的范围。例如，"职工薪酬"不仅包括向本企业职工支付的各项薪酬，还包括企业为个人缴纳的各项社保金、企业提供的食宿等，但却不在工资总额的统计范围。可以说，"职工薪酬"囊括了企业为员工甚至关系利益人支付的所有支出。

（二）人工费用的计算与归集

工资是职工薪酬的主要内容，工资的计算是企业直接费用归集的基础之一。因此，从成本费用角度，本实训对于人工费用的归集和分配是基于公司的薪酬，即工资的结算。其归集主要通过"工资结算汇总表"和"五险一金、工会经费、职工教育经费计算表"及福利费、非货币性福利实际发放凭证来汇总的。

企业可以根据具体情况采用各种不同的工资制度。薪酬或工资制度的不同，生产工人薪酬计入产品成本的方法也不同。目前，企业基本工资制度主要为计时工资和计件工资两种。

① 采用计时工资形式支付的工资，首先需要了解工资计算的标准，具体工资计算标准，如月薪制、日薪制等。其中，月薪制指按职工固定的月标准工资扣除缺勤工资计算其工资的一种方法。因此，也称为"扣除法"或"倒扣"法。这里就会涉及日工资和月工作天数的统计和计算。通常，月工作天数标准可按全年平均每月工作日数、全年平均每月日历日数、当月满勤日数等进行统计换算。而日薪制则是指按职工实际出勤日数和日工资

薪酬计算其应付职工薪酬的一种方法,如有病假,按病假期间应发工资比例加计应付工资。因此,也可以称之为"累加法"。企业可根据自身实际情况,确定计时工资的计算方法,一经确定,不得随意变更。

② 采用计件工资形式支付的产品生产工人工资,是按照工人生产的产品数量、产品质量和单位计件工资标准计算的劳动报酬。其中产品数量只包含合格品和因材料质量问题、而非员工问题产生的料废品数量。计件工资计算包括个人几件工资和集体计件工资。

个人计件工资一般可根据工资结算单,直接计入所生产产品的成本,即不需要在各种产品之间进行分配。但有的产品生产是按集体进行的,那么计件工资则需要以集体为对象进行计算。这就会涉及集体计件工资的分配问题。关于集体计件工资的分配,可采取以下两种方法,分别是:按计件工资和计时工资的比例分配、按实际工作天数计算分配。具体选择何种标准作为分配依据则需要根据集体从事工作的技术条件高低和集体内部职工工资的等级差异来判断和确定。当技术条件要求高,且工资等级差别大时,则可采用前一种方法;反之,技术条件要求不高,工资等级差别也不大时,则可选择采用后一种方法。

对职工个人而言,无论计时、计件工资,再加上员工其他应付工资(奖金、津贴、补贴、加班加点工资、特殊情况下支付的工资),即为应付给职工的工资金额。对企业而言,每个员工的应付工资金额之和,即为应付工资总额。

(三)人工费用的分配及账务处理

在实务中,工资费用的汇总和分配,则是根据"职工工资单"编制"工资结算汇总表"和"工资费用分配表"进行的。在账务处理时,企业应设置"应付职工薪酬"一级科目,同时下设"工资""职工福利费"等各明细科目,来进行统一核算。

(1)直接人工费用的处理及相关账务处理

归集分配人工费用的前提是需要先划清产品成本与期间费用的界限,进而将应计入产品成本的人工费用按成本项目进行归集。凡属车间直接从事产品生产的生产人员人工费用,列入产品成本的"直接人工费"项目;企业各生产车间未组织和管理生产所发生的管理人员的人工费用,列入产品成本的"制造费用"项目;企业行政管理人员的人工费用,作为期间费用列入"管理费用"项目。

(2)人工费用分配的核算

如果生产工人只生产一种产品,也可根据工资结算单,将工资费用直接计入该种产品成本,不需要分配;如果生产多种产品,则需要采用适当的方法,在各种产品之间进行分配。对于生产工人工资费用的分配,通常按产品生产工时比例或定额工时比例进行分配。

按产品生产工时比例分配工资费用的计算公式如下:

$$人工费用分配率=\frac{生产工人工资总额}{各种产品生产工时(实际或定额)总数}$$

某种产品应分配工资＝该种产品生产工时(实际或定额)×工资分配率

三、实训要求

（1）根据工资结算部分数据，将"工资结算单"和"薪酬费用汇总表"补充完整。

（2）根据"工资结算单"和"薪酬费用汇总表"，编制"工资费用分配表"。其中，生产工人工资按生产工时比例分配，辅助车间不单独设置"制造费用"账户。计算中间结果保留四位小数，最终结果保留两位小数。

（3）根据"工资费用分配表"，编制记账凭证。

（4）根据记账凭证，登记相关成本费用明细账。

四、实训资料

（一）归集示意图

如图 2-3 所示。

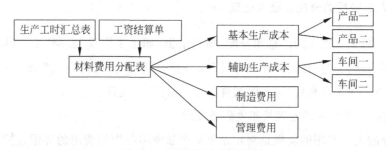

图 2-3　人工费用分配示意图

（二）实训具体资料

本实训案例企业的员工工资结构主要包含以下内容：基本工资、岗位效益工资、职工工龄津贴（或称年功补贴）、加班加点工资等。

本实训人工费用核算主体主要为钢构一车间、钢构二车间、加工车间、辅助生产车间、装配车间、管理部门等。基于工资核算基础信息，已根据考勤表、工作通知单、进程单、停工通知单等，对员工工资进行了核算。2020年5月，公司员工工资汇总及结算信息如下，其中个人代扣款项和单位代扣款项计算部分假设应付职工薪酬与缴纳基数相同。

(1) 根据工资结算部分数据,将"工资结算单"①和"薪酬费用汇总表"②补充完整(表 2-31 至表 2-33)。

表 2-31 工资结算单(1)

2020 年 5 月　　　　　　　　　　　　　　　　　　　　金额单位:元

部门人员类别		基本工资	考核工资	津贴和补贴			加班加点工资	应扣工资		应付工资
				岗位津贴	工龄补贴	中夜班补贴		病假	事假	
加工车间	生产人员	150 780	100 780	8 000	7 800	6 800	5 000	—	250	
	管理人员	30 890	57 900	6 750	4 500	—	—	—	—	
	小计									
钢构一车间	生产人员	209 000	143 000	9 070	10 800	7 520	7 700	600	—	
	管理人员	61 700	57 400	7 435	9 870	—	—	—	—	
	小计									
钢构二车间	生产人员	189 070	115 570	9 085	8 780	6 545	4 350	—	620	
	管理人员	53 640	46 740	6 590	4 650	—	—	—	—	
	小计									
装配车间	生产人员	178 500	228 500	7 710	4 500	5 550	3 200	—	—	
	管理人员	37 820	32 350	7 355	5 100	—	7 650	—	—	
	小计									
辅助生产车间	维修车间	55 300	35 100	6 540	4 360	2 900	3 790	—	—	
	运输车间	35 400	15 400	4 535	3 055	—	3 795	—	—	
	小计									
管理部门	仓库人员	34 200	12 600	3 400	2 340	—	—	660	500	
	行政人员	68 900	53 200	3 545	7 867	—	—	700	—	
	小计									
合计										

① 本实训工资结算单(2)中各比例均为个人缴纳比例,不包含单位缴纳比例。如养老保险缴费比例中单位为 20%,个人为 8%;医疗保险缴费比例中单位为 10%,个人为 2%等。其中,"代扣款项"计算涉及缴费基数的确定。为了简化处理,做了相应假设:个人代扣与单位代扣金额计算以"应付工资"为缴费标准。

② 待分配工资费用总额=职工薪酬实发金额+个人代扣款项+单位代扣款项。

表 2-32　工资结算单（2）

2020 年 5 月　　　　　　　　　　　　　　　　　　　　　　　金额单位：元

部门	人员类别	应付工资	个人代扣款项					实发工资
			养老保险金（8%）	住房公积金（10%）	医疗保险金（2%）	失业保险金（0.2%）	小计	
加工车间	生产人员							
	管理人员							
	小计							
钢构一车间	生产人员							
	管理人员							
	小计							
钢构二车间	生产人员							
	管理人员							
	小计							
装配车间	生产人员							
	管理人员							
	小计							
辅助生产车间	维修车间							
	运输车间							
	小计							
管理部门	仓库人员							
	行政人员							
	小计							
合计								

表 2-33 职工薪酬汇总表

2020 年 5 月　　　　　　　　　　　　　　　　　　金额单位：元

部门人员类别		应付工资	单位代扣款项					小计	合计
			养老保险金 (20%)	住房公积金 (10%)	医疗保险金 (10%)	失业保险金 (1.5%)	生育保险金 (0.8%)		
加工车间	生产人员								
	管理人员								
	小计								
钢构一车间	生产人员								
	管理人员								
	小计								
钢构二车间	生产人员								
	管理人员								
	小计								
装配车间	生产人员								
	管理人员								
	小计								
辅助生产车间	维修车间								
	运输车间								
	小计								
管理部门	仓库人员								
	行政人员								
	小计								
合计									

(2) 根据"工资结算单"和"薪酬费用汇总表"，编制"工资费用分配表"。其中，生产工人工资按生产工时比例分配到各产品中（表 2-34、表 2-35）。

表 2-34 生产工时汇总表
2020 年 5 月

产品车间	加工车间	钢构一车间	钢构二车间	装配车间
JG-01	1 500	—	—	—
JG-02	1 200	—	—	—
JG-03	1 600	—	—	—
GGY-01	—	2 400	—	—
GGY-02	—	2 100	—	—
GGE-01	—	—	2 500	—
ZP-01	—	—	—	1 800
ZP-02	—	—	—	1 700
ZP-03	—	—	—	1 400
合计	4 300	4 500	2 500	4 900

表 2-35 工资费用分配表
2020 年 5 月

会计科目			基本生产车间			维修车间	运输车间	管理部门	合计
总账	二级账	明细账	生产工时	分配率	分配额				
基本生产成本	加工车间	JG-01							
		JG-02							
		JG-03							
		小计							
	钢构一车间	GGY-01							
		GGY-02							
		小计							
	钢构二车间	GGE-01							
		小计							
基本生产成本	装配车间	ZP-01							
		ZP-02							
		ZP-03							
		小计							

续表

会计科目			基本生产车间			维修车间	运输车间	管理部门	合计
总账	二级账	明细账	生产工时	分配率	分配额				
制造费用		加工车间							
		钢构一车间							
		钢构二车间							
		装配车间							
		小计							
辅助生产成本		维修车间							
		运输车间							
		小计							
管理费用		管理部门							
合计									

（3）根据"工资费用分配表"，编制记账凭证（表2-36至表2-38）。

表 2-36　转账凭证

年　月　日　　　　　　　　　　　　　　　　　凭证号数：

摘要	总账科目	明细科目	借方金额									贷方金额								
			千	百	十	万	千	百	十	元	角	分	千	百	十	万	千	百	十	元	角	分
	合计																					

财务主管　　　　　　　　　记账　　　　　　　　　复核　　　　　　　　　制单

表 2-37　转账凭证

年　月　日　　　　　　　　　　　　　　　　　　　　凭证号数：

摘要	总账科目	明细科目	借方金额											贷方金额										
			千	百	十	万	千	百	十	元	角	分	千	百	十	万	千	百	十	元	角	分
	合计																					

财务主管　　　　　　　记账　　　　　　　复核　　　　　　　制单

表 2-38　转账凭证

年　月　日　　　　　　　　　　　　　　　　　　　　凭证号数：

摘要	总账科目	明细科目	借方金额											贷方金额										
			千	百	十	万	千	百	十	元	角	分	千	百	十	万	千	百	十	元	角	分
	合计																					

财务主管　　　　　　　记账　　　　　　　复核　　　　　　　制单

(4) 根据记账凭证,登记相关成本费用明细账(表2-39至表2-54)。

表 2-39　基本生产成本明细账

产品名称:JG-01　　　　　　生产车间:加工车间　　　　　　单位:元

2020年		凭证号数	摘要	成本项目				合计
月	日			直接材料	直接人工	燃料及动力	制造费用	

表 2-40　基本生产成本明细账

产品名称:JG-02　　　　　　生产车间:加工车间　　　　　　单位:元

2020年		凭证号数	摘要	成本项目				合计
月	日			直接材料	直接人工	燃料及动力	制造费用	

表 2-41　基本生产成本明细账

产品名称:JG-03　　　　　　生产车间:加工车间　　　　　　单位:元

2020年		凭证号数	摘要	成本项目				合计
月	日			直接材料	直接人工	燃料及动力	制造费用	

表 2-42　基本生产成本明细账

产品名称：GGY-01　　　　　生产车间：钢构一车间　　　　　单位：元

2020 年		凭证号数	摘要	成本项目				合计
月	日			直接材料	直接人工	燃料及动力	制造费用	

表 2-43　基本生产成本明细账

产品名称：GGY-02　　　　　生产车间：钢构一车间　　　　　单位：元

2020 年		凭证号数	摘要	成本项目				合计
月	日			直接材料	直接人工	燃料及动力	制造费用	

表 2-44　基本生产成本明细账

产品名称：GGE-01　　　　　生产车间：钢构二车间　　　　　单位：元

2020 年		凭证号数	摘要	成本项目				合计
月	日			直接材料	直接人工	燃料及动力	制造费用	

表 2-45　基本生产成本明细账

产品名称：ZP-01　　　　　　　生产车间：装配车间　　　　　　　单位：元

2020年		凭证号数	摘要	成本项目				合计
月	日			直接材料	直接人工	燃料及动力	制造费用	

表 2-46　基本生产成本明细账

产品名称：ZP-02　　　　　　　生产车间：装配车间　　　　　　　单位：元

2020年		凭证号数	摘要	成本项目				合计
月	日			直接材料	直接人工	燃料及动力	制造费用	

表 2-47　基本生产成本明细账

产品名称：ZP-03　　　　　　　生产车间：装配车间　　　　　　　单位：元

2020年		凭证号数	摘要	成本项目				合计
月	日			直接材料	直接人工	燃料及动力	制造费用	

表 2-48　制造费用明细账

生产车间：加工车间　　　　　　　　　　　　　　　　　　　　　　　　　　　单位：元

2020年		凭证号数	摘要	成本项目					合计	转出
月	日			原材料	职工薪酬	水电费	折旧费	其他		

表 2-49　制造费用明细账

生产车间：钢构一车间　　　　　　　　　　　　　　　　　　　　　　　　　　单位：元

2020年		凭证号数	摘要	成本项目					合计	转出
月	日			原材料	职工薪酬	水电费	折旧费	其他		

表 2-50　制造费用明细账

生产车间：钢构二车间　　　　　　　　　　　　　　　　　　　　　　　　　　单位：元

2020年		凭证号数	摘要	成本项目					合计	转出
月	日			原材料	职工薪酬	水电费	折旧费	其他		

表 2-51　制造费用明细账

生产车间：装配车间　　　　　　　　　　　　　　　　　　　　　　　　单位：元

2020 年		凭证号数	摘要	成本项目					合计	转出
月	日			原材料	职工薪酬	水电费	折旧费	其他		

表 2-52　辅助生产成本明细账

生产车间：维修车间　　　　　　　　　　　　　　　　　　　　　　　　单位：元

2020 年		凭证号数	摘要	成本项目					合计	转出
月	日			直接材料	直接人工	燃料及动力	折旧费	其他		

表 2-53　辅助生产成本明细账

生产车间：运输车间　　　　　　　　　　　　　　　　　　　　　　　　单位：元

2020 年		凭证号数	摘要	成本项目					合计	转出
月	日			直接材料	直接人工	燃料及动力	折旧费	其他		

表 2-54 管理费用明细账

部门名称：行政部门　　　　　　　　　　　　　　　　　　　　　　　　单位：元

2020年		凭证号数	摘要	成本项目					合计	转出
月	日			物料消耗	职工薪酬	水电费	折旧费	其他		

实训 4　外购动力费用的归集和分配

一、实训目的

结构件、钢结构等产品的制成需要借助很多外部机械设施来完成，这就需要企业从外部购入大量动力。通过对企业外购动力费用的归集和分配，从而了解外购动力费用的内容，掌握外购动力归集分配的方法和处理。

二、知识链接

外购动力费用主要是指企业从外部购入的电力、热力、蒸汽等支付的费用。外购动力主要由供电公司等外部有关单位提供。

（一）外购动力费用的归集

首先需要做的是原始数据的收集。各部门、车间有电表的情况下，对电表数据进行抄录。而车间生产多种产品却仅有唯一电表的情况下，需要把抄录下来的电表数据及换算后的电力费用按照一定标准在产品间进行分配。

归集环节主要需要以下资料数据，分别是：各车间、部门用电数据汇总，也就是所抄录的电表数据，这可以由各部门人工抄报或者远程抄报用电量；动力费用单价，该单价一般较为稳定，不会有太大浮动，通常由供电局通知。

（二）外购动力费用的分配及账务处理

外购动力费用的用途主要为：直接用于产品生产的生产工艺用电；间接用于产品生产的车间照明用电；辅助生产车间用电以及用于经营管理的行政部门照明用电和取暖等。使用外购动力的部门不同，其分配的方法也不一样。

(1) 基本生产车间耗用的动力

基本生产车间耗用的动力按用途，可分为直接用于产品生产的生产工艺动力用电和照明用电。对于基本生产车间生产产品用的外购动力，若是只生产一种产品，则可直接计入；若是生产多种产品，则可按各产品的定额工时或实际工时比例进行分配。其具体计算公式如下：

$$外购动力费用分配率 = \frac{待分配的动力费用}{收益各产品的生产工时之和}$$

$$某产品应分配的动力费用 = 该产品所用工时 \times 外购动力费用分配率$$

实务操作过程中，外购动力费用的分配需要通过"外购动力费用分配表"进行。其后续账务处理如下：

① 直接用于产品生产工艺动力用电，属于直接燃料及动力，应记入"基本生产成本"总账和相应产品的基本生产成本明细账的借方。

② 基本生产车间照明用电，则记入"制造费用"总账和所属明细账进行归集。月末分配记入"基本生产成本"总账和相应产品的基本生产成本明细账的"制造费用"成本项目。

(2) 辅助生产车间耗用的动力

① 直接用于辅助产品生产工艺动力用电，应记入"辅助生产成本"总账和相应产品或劳务的明细账的借方。用于辅助生产车间照明用电先记入"制造费用"总账和所属明细账进行归集。月末分配记入"辅助生产成本"总账和所属明细账的"制造费用"成本项目。

② 如果辅助生产不对外提供商品产品，而且辅助生产车间规模较小、辅助产品或劳务单一时，为了简化核算工作，可不设辅助生产的"制造费用"科目，辅助生产车间耗用所有电力直接的全部记入"辅助生产成本"总账和相应的明细账。

(3) 销售机构、行政管理部门耗用的电力

销售机构、行政管理部门耗用的电力，不计入产品成本，而应分别记入"营业费用""管理费用"总账和所属明细账，作为期间费用转入"本年利润"账户，冲减当期损益。

三、实训要求

（1）根据"车间用电汇总表"和"生产工时汇总表（见表 2-31）"，编制"外购动力费用分配表"。计算中间结果保留四位小数，最终结果保留两位小数。

（2）根据"外购动力费用分配表"，编制记账凭证。

（3）根据记账凭证，登记相关成本费用明细账。

四、实训资料

（一）归集示意图

如图 2-4 所示。

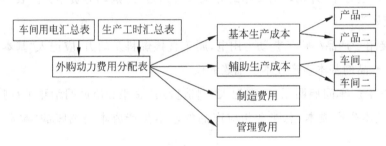

图 2-4　外购动力费用分配示意图

（二）实训具体资料

该公司车间外购动力主要为电力。其中动力用电主要应用在加工车间、钢构一车间、钢构二车间、装配车间和 2 个辅助生产车间[①]；其他用途主要为日常照明用电。2020 年 5 月，公司使用外购动力及生产工时信息如下。

（1）根据"车间用电汇总表"和"生产工时汇总表（见表 2-34）"，编制"外购动力费用分配表"（表 2-55 至表 2-56）。

---

① 辅助生产部门的维修车间和运输车间用电情况做简化处理，不单独设置"制造费用"科目，全部计入"辅助生产成本"。

表 2-55　车间用电汇总表

2020 年 5 月

车间	生产用电(0.45 元/度)		照明用电(0.6 元/度)		合计金额
	数量	金额	数量	金额	
加工车间	85 000	38 250	16 000	9 600	47 850
钢构一车间	170 000	76 500	25 000	15 000	91 500
钢构二车间	105 000	47 250	23 000	13 800	61 050
装配车间	114 500	51 525	19 000	11 400	62 925
维修车间	42 000	18 900	18 000	10 800	29 700
运输车间	23 500	10 575	11 000	6 600	17 175
行政部门	—	—	9 500	5 700	5 700
合计	540 000	243 000	121 500	72 900	315 900

表 2-56　外购动力费用分配表

2020 年 5 月　　　　　　　　　　　　　　　　　　金额单位：元

会计科目			动力用电(0.45 元/度)				照明用电(0.6 元/度)				合计
总账	二级账	明细账	用电度数	工时	分配率	分配金额	用电度数	工时	分配率	分配金额	
基本生产成本	加工车间	JG-01									
		JG-02									
		JG-03									
		小计									
	钢构一车间	GGY-01									
		GGY-02									
		小计									
	钢构二车间	GGE-01									
		小计									
	装配车间	ZP-01									
		ZP-02									
		ZP-03									
		小计									

续表

会计科目			动力用电(0.45元/度)				照明用电(0.6元/度)				合计
总账	二级账	明细账	用电度数	工时	分配率	分配金额	用电度数	工时	分配率	分配金额	
辅助生产成本	维修车间										
	运输车间										
	小计										
制造费用	加工车间										
	钢构一车间										
	钢构二车间										
	装配车间										
	小计										
管理费用	行政管理部门										
合计											

（2）根据"外购电费分配表"，编制记账凭证（表2-57至表2-59）。

表 2-57 转账凭证

年 月 日　　　　　　　　　　　　　　　　　　　凭证号数：

摘要	总账科目	明细科目	借方金额									贷方金额								
			千	百	十	万	千	百	十	元	角	分	千	百	十	万	千	百	十	元	角	分
合计																				

财务主管　　　　　　　　　记账　　　　　　　　　复核　　　　　　　　　制单

表 2-58　转账凭证

年　月　日　　　　　　　　　　　　　　　凭证号数：

摘要	总账科目	明细科目	借方金额										贷方金额									
			千	百	十	万	千	百	十	元	角	分	千	百	十	万	千	百	十	元	角	分
	合计																					

财务主管　　　　　　　记账　　　　　　　复核　　　　　　　制单

表 2-59　转账凭证

年　月　日　　　　　　　　　　　　　　　凭证号数：

摘要	总账科目	明细科目	借方金额										贷方金额									
			千	百	十	万	千	百	十	元	角	分	千	百	十	万	千	百	十	元	角	分
	合计																					

财务主管　　　　　　　记账　　　　　　　复核　　　　　　　制单

（3）根据记账凭证，登记相关成本费用明细账（表2-60至表2-75）。

表 2-60　基本生产成本明细账

产品名称：JG-01　　　　　生产车间：加工车间　　　　　单位：元

2020年		凭证号数	摘要	成本项目				合计
月	日			直接材料	直接人工	燃料及动力	制造费用	

表 2-61　基本生产成本明细账

产品名称：JG-02　　　　　生产车间：加工车间　　　　　单位：元

2020年		凭证号数	摘要	成本项目				合计
月	日			直接材料	直接人工	燃料及动力	制造费用	

表 2-62　基本生产成本明细账

产品名称：JG-03　　　　　生产车间：加工车间　　　　　单位：元

2020年		凭证号数	摘要	成本项目				合计
月	日			直接材料	直接人工	燃料及动力	制造费用	

表 2-63　基本生产成本明细账

产品名称：GGY-01　　　　　　生产车间：钢构一车间　　　　　　单位：元

2020 年		凭证号数	摘要	成本项目				合计
月	日			直接材料	直接人工	燃料及动力	制造费用	

表 2-64　基本生产成本明细账

产品名称：GGY-02　　　　　　生产车间：钢构一车间　　　　　　单位：元

2020 年		凭证号数	摘要	成本项目				合计
月	日			直接材料	直接人工	燃料及动力	制造费用	

表 2-65　基本生产成本明细账

产品名称：GGE-01　　　　　　生产车间：钢构二车间　　　　　　单位：元

2020 年		凭证号数	摘要	成本项目				合计
月	日			直接材料	直接人工	燃料及动力	制造费用	

表 2-66　基本生产成本明细账

产品名称：ZP-01　　　　　　　　生产车间：装配车间　　　　　　　　单位：元

2020 年		凭证号数	摘要	成本项目				合计
月	日			直接材料	直接人工	燃料及动力	制造费用	

表 2-67　基本生产成本明细账

产品名称：ZP-02　　　　　　　　生产车间：装配车间　　　　　　　　单位：元

2020 年		凭证号数	摘要	成本项目				合计
月	日			直接材料	直接人工	燃料及动力	制造费用	

表 2-68　基本生产成本明细账

产品名称：ZP-03　　　　　　　　生产车间：装配车间　　　　　　　　单位：元

2020 年		凭证号数	摘要	成本项目				合计
月	日			直接材料	直接人工	燃料及动力	制造费用	

表 2-69　制造费用明细账

生产车间：加工车间　　　　　　　　　　　　　　　　　　　　　　　　　　单位：元

2020年		凭证号数	摘要	成本项目					合计	转出
月	日			原材料	职工薪酬	水电费	折旧费	其他		

表 2-70　制造费用明细账

生产车间：钢构一车间　　　　　　　　　　　　　　　　　　　　　　　　　单位：元

2020年		凭证号数	摘要	成本项目					合计	转出
月	日			原材料	职工薪酬	水电费	折旧费	其他		

表 2-71　制造费用明细账

生产车间：钢构二车间　　　　　　　　　　　　　　　　　　　　　　　　　单位：元

2020年		凭证号数	摘要	成本项目					合计	转出
月	日			原材料	职工薪酬	水电费	折旧费	其他		

表 2-72　制造费用明细账

生产车间：装配车间　　　　　　　　　　　　　　　　　　　　　　　　　　　单位：元

2020年		凭证号数	摘要	成本项目					合计	转出
月	日			原材料	职工薪酬	水电费	折旧费	其他		

表 2-73　辅助生产成本明细账

生产车间：维修车间　　　　　　　　　　　　　　　　　　　　　　　　　　　单位：元

2020年		凭证号数	摘要	成本项目					合计	转出
月	日			直接材料	直接人工	燃料及动力	折旧费	其他		

表 2-74　辅助生产成本明细账

生产车间：运输车间　　　　　　　　　　　　　　　　　　　　　　　　　　　单位：元

2020年		凭证号数	摘要	成本项目					合计	转出
月	日			直接材料	直接人工	燃料及动力	折旧费	其他		

表 2-75　管理费用明细账

部门名称：行政部门　　　　　　　　　　　　　　　　　　　　　　　　单位：元

2020年		凭证号数	摘要	成本项目					合计	转出
月	日			物料消耗	职工薪酬	水电费	折旧费	其他		

实训 5　固定资产折旧费用的归集和分配

一、实训目的

产品的生产均会涉及固定资产的损耗，也即产生固定资产折旧的费用。通过对企业折旧费用的归集和分配，了解折旧费用的内容，掌握折旧费用归集和分配的程序及账务处理。

二、知识链接

固定资产折旧费用是固定资产在使用过程中因磨损而转移到产品成本中去的那部分价值。固定资产在其有效使用期内，始终保持完整的实物形态，但由于磨损（有形损耗）和科学技术的发展（无形损耗），固定资产价值逐渐减少，为了保证固定资产实物的再生产，对于固定资产由于使用而发生的磨损价值就以计提折旧费用的方式。

在实务过程中，企业会设置专门的企业固定资产核算员，负责进行固定资产的取得、持有、处置等日常核算，并按使用情况编制固定资产折旧计算表，月末将折旧计算表传递至成本核算岗位，进行成本核算。

（一）固定资产折旧费的确定和归集

固定资产折旧费确定与归集，除了选择适当的折旧方法外，还必须做好以下几个方面：(1)正确确定应计折旧固定资产的范围和价值,确定固定资产的折旧范围是计提折旧的前提；(2)合理估计固定资产使用年限和净残值；(3)合理估计固定资产使用年限和净残值；(4)按车间、部门归集折旧费用。

在实际工作中,企业一般应按月计提固定资产折旧。企业在实际计提固定资产折旧时,当月增加的固定资产,当月不提折旧,从下月起计提折旧；当月减少的固定资产,当月照提折旧,从下月起不提折旧。固定资产提足折旧后,不论能否继续使用,均不再计提折旧；提前报废的固定资产,也不再补提折旧。实务中,这通常在"折旧费用计算表"中实现。

(二) 固定资产折旧费的分配及账务处理

当折旧费在产品成本中占有较大比重时,应单独设置成本项目列示。

但通常情况下,由于折旧费用在产品成本中所占的比重不大,而且还存在以下复杂的情况：一种产品生产也通常需要多台固定资产/设备的加工,且一台设备也能加工多种产品。因此,为了简化成本核算,一般都把它作为间接费用处理；生产车间提取的固定资产折旧费,也一般不单独设成本项目,而是先按其使用地点归集。如辅助生产车间的固定资产折旧费用,应记入"辅助生产费用明细账"中的折旧费项目；企业行政部门的固定资产折旧费,应记入"管理费用明细账"中的折旧费项目；销售部门的固定资产折旧费,应记入"销售费用明细账"中的有关项目。

基本生产车间的固定资产折旧费用,一般先记入"制造费用明细账"中的折旧费项目；在月末随同其他间接成本一起分配记入"基本生产成本明细账"。此外,固定资产发生的修理费,一般可直接记入发生月份的"管理费用"科目中。

在具体业务操作过程中,固定资产折旧费的分配通常是根据审核后的"固定资产折旧计算表"来编制"固定资产折旧费分配表"进行,并据此编制会计分录,登记有关账簿。但为简化起见,也可以用"固定资产折旧计算表"来代替"固定资产折旧费用分配表"。

三、实训要求

(1) 根据本月发生折旧费用,计算并填写"固定资产折旧计算表"。计算中间结果保留四位小数,最终结果保留两位小数。

(2) 根据"固定资产折旧计算表",填制记账凭证。

(3) 根据记账凭证,登记相关成本费用明细账。

四、实训资料

(一) 归集示意图

如图 2-5 所示。

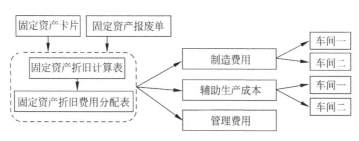

图 2-5 固定资产折旧费用分配示意图

(二) 实训具体资料

按规定,公司需每月对固定资产进行折旧计提的归集和分配工作。该业务涉及公司全部车间与部门。2020 年 5 月,公司购入部分固定资产,并对部分陈旧固定资产进行了报废处理。其中,2020 年 4 月固定资产折旧及 5 月固定资产增加及报废具体信息如表 2-76 至表 2-84 所示。

表 2-76 固定资产折旧计算表

2020 年 4 月

应借科目	部门	上月折旧额	上月增加固定资产增加折旧额	上月减少固定资产减少折旧额	本月折旧额
制造费用	加工车间	61 000	9 200	7 000	63 200
	钢构一车间	127 000	10 200	13 500	123 700
	钢构二车间	142 000	19 700	8 900	152 800
	装配车间	94 000	10 890	—	104 890
辅助生产成本	维修车间	26 000	4 800	3 300	27 500
	运输车间	11 050	1 450	—	12 500
管理费用	管理部门	8 000	—	1 350	6 650
合计		469 050	56 240	34 050	491 240

表 2-77　固定资产卡片

卡片编号	00101	收进日期	2020 年 4 月 3 日	固定资产名称	铣床
规格型号	GZ-00201	部门名称	加工车间		
增加方式	外购	存放地点	加工车间		
使用状况	在用	使用年限	5	开始使用日期	2020 年 4 月 3 日
原值	53 000	净残值率	3%	净残值	1 590
折旧方法	直线法	月折旧额	856.83	折旧费用类别	制造费用

表 2-78　固定资产卡片

卡片编号	00102	收进日期	2020 年 4 月 9 日	固定资产名称	焊接机
规格型号	GM-00331	部门名称	钢构一车间		
增加方式	外购	存放地点	钢构一车间		
使用状况	在用	使用年限	5	开始使用日期	2020 年 4 月 9 日
原值	105 000	净残值率	3%	净残值	3 150
折旧方法	直线法	月折旧额	1 697.5	折旧费用类别	制造费用

表 2-79　固定资产卡片

卡片编号	00103	收进日期	2020 年 4 月 16 日	固定资产名称	HP 型数控切割机
规格型号	GM-00447	部门名称	钢构二车间		
增加方式	外购	存放地点	钢构二车间		
使用状况	在用	使用年限	5	开始使用日期	2020 年 4 月 16 日
原值	152 000	净残值率	3%	净残值	4 560
折旧方法	直线法	月折旧额	2 457.33	折旧费用类别	制造费用

表 2-80　固定资产卡片

卡片编号	00104	收进日期	2020 年 4 月 21 日	固定资产名称	悬臂吊
规格型号	CZ-00412	部门名称	装配车间		
增加方式	外购	存放地点	装配车间		
使用状况	在用	使用年限	5	开始使用日期	2020 年 4 月 21 日
原值	82 000	净残值率	3%	净残值	2 460
折旧方法	直线法	月折旧额	1 325.67	折旧费用类别	制造费用

表 2-81　固定资产卡片

卡片编号	00105	收进日期	2020 年 4 月 21 日	固定资产名称	H 型拆装机
规格型号	HMP-00412	部门名称	设备维修车间		
增加方式	外购	存放地点	设备维修车间		
使用状况	在用	使用年限	5	开始使用日期	2020 年 4 月 21 日
原值	7 000	净残值率	3%	净残值	210
折旧方法	直线法	月折旧额	113.17	折旧费用类别	辅助生产成本

表 2-82　固定资产卡片

卡片编号	00106	收进日期	2020 年 4 月 21 日	固定资产名称	办公一体机
规格型号	HP-002	部门名称	管理部门		
增加方式	外购	存放地点	管理部门		
使用状况	在用	使用年限	5	开始使用日期	2020 年 4 月 21 日
原值	5 000	净残值率	3%	净残值	150
折旧方法	直线法	月折旧额	80.83	折旧费用类别	管理费用

表 2-83　固定资产报废单

固定资产名称	数控车床	预计使用年限	5	已使用年限	5
固定资产编号	00012	原值	40 000	折旧方法	直线法
使用部门	加工车间	月折旧额	646.67	预计残值	1 200
报废原因	到达报废	技术部门意见	同意报废		
报废处理意见	清理	设备部门意见	同意报废		
领导意见	同意报废	报废日期	2020 年 4 月 13 日		

表 2-84　固定资产报废单

固定资产名称	焊接机	预计使用年限	5	已使用年限	5
固定资产编号	00034	原值	130 000	折旧方法	直线法
使用部门	钢构一车间	月折旧额	2 101.67	预计残值	3 900
报废原因	超龄使用	技术部门意见	同意报废		
报废处理意见	清理	设备部门意见	同意报废		
领导意见	同意报废	报废日期	2020 年 4 月 18 日		

（1）根据本月发生折旧费用，计算并填写 5 月份"固定资产折旧表计算表"（表 2-85）。

表 2-85　固定资产折旧计算表

2020 年 5 月

应借科目	部门	上月折旧额	上月增加固定资产 增加折旧额	上月减少固定资产 减少折旧额	本月折旧额
制造费用	加工车间				
	钢构一车间				
	钢构二车间				
	装配车间				
辅助生产成本	维修车间				
	运输车间				
管理费用	管理部门				
合计					

(2)根据"固定资产折旧计算表",填制记账凭证(表 2-86 至表 2-87)。

表 2-86　转账凭证

年　月　日　　　　　　　　　　　凭证号数：

摘要	总账科目	明细科目	借方金额										贷方金额									
			千	百	十	万	千	百	十	元	角	分	千	百	十	万	千	百	十	元	角	分
合计																						

财务主管　　　　　　记账　　　　　　复核　　　　　　制单

表 2-87　转账凭证

年　月　日　　　　　　　　　　　凭证号数：

摘要	总账科目	明细科目	借方金额										贷方金额									
			千	百	十	万	千	百	十	元	角	分	千	百	十	万	千	百	十	元	角	分
合计																						

财务主管　　　　　　记账　　　　　　复核　　　　　　制单

(3) 根据记账凭证,登记相关成本费用明细账(表2-88至表2-94)。

表2-88 制造费用明细账

生产车间：加工车间　　　　　　　　　　　　　　　　　　　　单位：元

2020年		凭证号数	摘要	成本项目					合计	转出
月	日			原材料	职工薪酬	水电费	折旧费	其他		

表2-89 制造费用明细账

生产车间：钢构一车间　　　　　　　　　　　　　　　　　　　单位：元

2020年		凭证号数	摘要	成本项目					合计	转出
月	日			原材料	职工薪酬	水电费	折旧费	其他		

表2-90 制造费用明细账

生产车间：钢构二车间　　　　　　　　　　　　　　　　　　　单位：元

2020年		凭证号数	摘要	成本项目					合计	转出
月	日			原材料	职工薪酬	水电费	折旧费	其他		

表 2-91 **制造费用明细账**

生产车间：装配车间　　　　　　　　　　　　　　　　　　　　　　单位：元

2020 年		凭证号数	摘要	成本项目					合计	转出
月	日			原材料	职工薪酬	水电费	折旧费	其他		

表 2-92 **辅助生产成本明细账**

生产车间：维修车间　　　　　　　　　　　　　　　　　　　　　　单位：元

2020 年		凭证号数	摘要	成本项目					合计	转出
月	日			直接材料	直接人工	燃料及动力	折旧费	其他		

表 2-93 **辅助生产成本明细账**

生产车间：运输车间　　　　　　　　　　　　　　　　　　　　　　单位：元

2020 年		凭证号数	摘要	成本项目					合计	转出
月	日			直接材料	直接人工	燃料及动力	折旧费	其他		

表 2-94 管理费用明细账

部门名称:行政部门　　　　　　　　　　　　　　　　　　　　　　　　　单位:元

2020年		凭证号数	摘要	成本项目					合计	转出
月	日			物料消耗	职工薪酬	水电费	折旧费	其他		

扫码阅读

实训参考答案

第三章

辅助生产费用与制造费用的归集和分配

实训6 辅助生产费用的归集和分配

一、实训目的

通过了解辅助生产部门的特点,熟悉辅助生产费用的内容,掌握辅助生产费用归集方法和分配的账务处理。

二、知识链接

辅助生产指主要为基本生产车间、企业行政管理部门等单位服务而进行的产品生产和劳务供应。根据服务内容,辅助生产车间主要有以下两种:(1)提供劳务、作业的辅助生产车间,如供水、供电、供汽、运输、机修等;(2)提供辅助产品的辅助生产车间,这类辅助生产车间通常生产基本生产车间所需要的各种工具、模具、刀具、刃具、夹具等。一般情况下,辅助生产车间不对外销售和服务,其服务对象主要为企业内部各受益部门。因此,它所发生的费用,应在企业内部各受益单位之间进行分配。

（一）**辅助生产费用归集与账户设置**

辅助生产费用的归集,主要通过辅助生产成本总账及明细账进行。明细账一般按车间及产品和劳务设置,而明细账内则按费用项目设置专栏进行明细核算。

归集的过程是将辅助生产车间发生的各种费用,根据有关的付款凭证、转账凭证和各种费用分配表记入"辅助生产成本"账户的借方,通过登记,把所发生的费用都归集起来。从"辅助生产成本"的对应科目来看,应贷记"原材料""应付职工薪酬""累计折旧""银行存款"等科目;同时并按费用的项目,分别记入"辅助生产成本明细账"。

辅助生产费用归集过程中,"制造费用"较为特殊。一般情况下,若辅助生产车间提供多种产品或劳务,还应设置"制造费用"明细账。与基本生产的制造费用一样,先通过"制造费用"科目单独归集,再转入"辅助生产成本"科目。但对于辅助生产车间规模小、制造费用少,且辅助生产不对外提供产品和劳务的,一般做简化处理,即不通过"制造费用"科目,而直接记入"辅助生产成本"科目。

(二)辅助生产费用的分配

辅助生产车间分配与提供内容有关。若提供的是有形产品,如工具、模具等,则跟自制材料和自制产品的核算相同,借记"原材料"等科目,贷记"生产成本——辅助生产成本"科目。若提供的是无形产品,如运输、维修等,则需要采用适当的方法将归集的费用在受益部门之间进行分配。具体分配方法主要有直接分配法、一次交互分配法、顺序分配法、代数分配法和计划成本分配法五种。

(1)直接分配法

直接分配法的特点是不考虑各辅助生产车间之间相互提供劳务或产品的情况,而是将各种辅助生产费用直接分配给辅助生产以外的各受益单位。在辅助生产费用的各种分配方法中,直接分配法最为简便,但分配结果不够正确。换言之,误差也是最大的。因此,这一方法一般适用于辅助生产内部相互提供产品和劳务不多、不进行费用的交互分配、对辅助生产成本和企业产品成本影响不大的情况。具体分配公式如下:

$$某辅助车间费用分配率 = \frac{该辅助生产车间直接发生费用}{各辅助车间以外的受益对象接受该辅助车间劳务总量}$$

$$某受益对象应负担的辅助生产费用 = 该受益对象接受劳务数量 \times 该辅助车间费用分配率$$

(2)一次交互分配法

一次交互分配法,简称交互分配法,是指企业各辅助生产车间之间有相互服务的情况下,进行"先对内,后对外"的两次分配,即该方法需要进行两个阶段的分配。其中,第一阶段将各辅助生产车间互相提供的服务量按交互分配前的单位成本,在辅助生产车间之间进行第一次交互分配;第二阶段再将各辅助生产车间交互分配后的费用(即原费用加上交互分配转入的费用,减去交互分配转出的费用),按其提供给基本生产车间和其他部门的服务量和交互分配后的单位成本,在辅助生产车间以外的各受益单位之间进行分配。

该方法下,其计算量较直接分配法大。对于计算结果,由于在进行交互分配时,计算的交互分配率并非辅助生产车间提供劳务的实际单位成本,因而分配的结果也不可能完全正确。但相较于直接分配法,其计算更符合实际,准确率也略高。交互分配法通常适用于辅助生产车间之间相互耗用劳务较多的企业。具体分配公式如下:

① 对内交互分配

$$交互分配率 = \frac{该辅助生产车间直接发生费用}{该辅助生产车间提供的劳务总量}$$

$$某辅助生产车间应负担交互费用 = \frac{某辅助生产车间消耗}{该辅助车间的劳务量} \times 提供辅助生产劳务车间的交互分配率$$

② 对外分配

$$辅助生产车间交互后生产费用 = 该辅助生产车间交互前生产费用 - 该辅助生产车间交互后转出费用 + 该辅助生产车间交互后转入费用$$

$$对外分配率 = \frac{该辅助生产车间交互后归集的实际生产费用}{该辅助生产车间以外受益部门劳务量之和}$$

$$某受益对象应负担辅助生产费用 = 该受益对象接受该辅助车间的劳务量 \times 该辅助生产车间对外分配率$$

(3) 顺序分配法

顺序分配法是指先根据辅助生产车间受益多少进行排序，进而按序在辅助车间及以外的受益对象分配生产费用的方法。根据"受益少先分配，受益多后分配"原则，其中顺序前面的部门把费用分配给后面的受益部门，但顺序后面的部门不能把费用给顺序前面的部门。

此种分配方法计算方法简便，但由于排列在前的辅助生产车间不负担耗用排列在后辅助生产车间的费用，分配结果的准确性受到一定的影响。一般适用于各辅助生产车间之间相互受益程序有明显顺序的企业。具体分配公式如下：

① 第一位辅助生产车间费用分配

$$排第一位辅助生产车间费用分配率 = \frac{该辅助生产车间直接发生费用}{该辅助生产车间劳务总量}$$

$$某受益单位应负担该辅助生产费用 = 该受益对象接受该辅助车间的劳务量 \times 分配率$$

② 第二位及以后辅助生产车间费用分配

$$排第二位及以后辅助生产车间费用分配率 = \frac{该辅助生产车间直接发生费用 + 前面辅助生产车间分配转入费用}{排后位辅助生产车间及其以外受益部门耗用劳务量之和}$$

(4) 代数分配法

代数分配法是一种"运用数学方法，准确分配费用"的分配方法。代数分配法的特点是先根据解联立方程的原理，计算辅助生产劳务和产品的单位成本，然后根据各受益单位耗用的数量和单位成本分配辅助生产费用。

此方法是所有辅助生产成本分配方法中最为准确的一种。但在辅助生产车间较多的情况下，计算工作就会比较复杂。因此，本方法适用于已实现电算化或辅助生产车间较少的企业。具体分配公式如下：

$$某辅助生产车间提供的劳务总量 \times 该辅助生产劳务的单位成本 = 该辅助生产车间的直接发生费用 + 该辅助生产车间耗用其他辅助生产车间劳务量 \times 某辅助生产车间劳务的单位成本$$

各受益车间应分配辅助生产费用＝该受益车间耗用劳务量×
该辅助生产车间劳务单位成本

(5) 计划成本分配法

计划成本分配法是按照计划成本将费用在各辅助生产车间进行分配和调整的一种方法。该方法的特点是辅助生产为各受益单位提供的劳务或产品,都按劳务或产品的计划单位成本进行分配,辅助生产车间实际发生的费用与按计划单位成本分配转出的费用之间的差额采用简化计算方法全部计入管理费用。简言之,该方法为"先分配费用,再调整差额"。

其优点是便于考核和分析各受益单位的成本,有利于分清各单位的经济责任。但假若计划单位成本制定不准确,则会影响辅助生产费用分配的准确性。因此这种分配方法适用于辅助生产劳务或产品计划单位成本比较准确的企业。具体分配公式如下:

① 按产品或劳务计划单位成本和各受益单位实际耗用量分配

某受益对象应负担辅助生产费用＝该受益对象接受该辅助车间的劳务量×辅助生产车间劳务计划单位成本

② "差额"计算及对外追加分配

"实际费用"与计划成本差额＝实际费用＋交互分配分入费用－按计划成本分出费用

$$某辅助生产成本差额分配率 = \frac{"实际费用"与计划成本差额}{该辅助生产车间以外受益部门劳务量之和}$$

三、实训要求

(1) 根据要素费用分配表,登记"辅助生产成本明细账"。[①]

(2) 采用五种方法分配辅助生产费用,完成辅助生产费用分配表。计算中间结果保留四位小数,最终结果保留两位小数。

(3) 根据相应辅助生产费用分配表,编制记账凭证。

四、实训资料

(一) 归集分配示意图

如图3-1所示。

[①] 分配完辅助生产费用后,需将辅助生产费用从明细账中转出至相应受益部门相关成本费用明细账。考虑到辅助生产费用的分配是本实训的重点,因此做简化处理。后续实训10中制造费用明细账的填制过程中,对辅助生产费用转出会有所体现。

第三章 辅助生产费用与制造费用的归集和分配

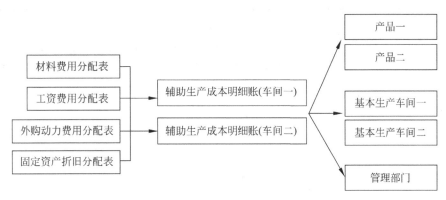

图 3-1 辅助生产费用分配示意图

(二) 实训具体资料

该公司设有两个辅助生产车间,分别为修理车间和运输车间。辅助生产费用简化处理,不通过"制造费用"科目,直接记入"辅助生产成本"科目。2020 年 5 月,修理车间与运输车间提供的劳务和成本相关信息,具体如下(见表 3-1 至表 3-4)。

表 3-1 材料费用分配表

2020 年 5 月 31 日　　　　　　　　　　　　单位:元

会计科目		成本费用项目	直接耗用材料	分配率			合计
				定额耗用量	分配率	分配费用	
基本生产成本	加工车间	JG-01	原材料	—				
		JG-02	原材料					
		JG-03	原材料					
		小计					
	钢构一车间	GGY-01	原材料	—	—	—	—	—
		GGY-02	原材料	—	—	—	—	—
		小计					
	钢构二车间	GGE-01	原材料	—	—	—	—	—
		小计					

续表

会计科目	成本费用项目		直接耗用材料	分配率			合计
				定额耗用量	分配率	分配费用	
辅助生产成本	维修车间		50 000	—	—	—	50 000
	运输车间		80 000	—	—	—	80 000
	小计		130 000	—	—	—	130 000
制造费用	钢构一车间	低值易耗品	—	—	—	—	—
	小计		—	—	—	—	—
管理费用	管理部门	低值易耗品	—	—	—	—	—
	小计		—	—	—	—	—
销售费用	销售部门	低值易耗品	—	—	—	—	—
	小计		—	—	—	—	—
合计			—	—	—	—	—

表 3-2　工资费用分配表

2020 年 5 月 31 日　　　　　　　　　　　　单位：元

会计科目			基本生产车间			维修车间	运输车间	管理/销售部门	合计
总账	二级账	明细账	生产工时	分配率	分配额				
基本生产成本	加工车间	JG-001	—	—	—	—	—	—	—
		JG-002	—	—	—	—	—	—	—
		JG-003	—	—	—	—	—	—	—
	钢构一车间	GGY-01	—	—	—	—	—	—	—
		GGY-02	—	—	—	—	—	—	—
	钢构二车间	GGE-01	—	—	—	—	—	—	—
基本生产成本	装配车间	ZP-01	—	—	—	—	—	—	—
		ZP-02	—	—	—	—	—	—	—
		ZP-03	—	—	—	—	—	—	—
		小计	—	—	—	—	—	—	—

续表

会计科目			基本生产车间			维修车间	运输车间	管理/销售部门	合计
总账	二级账	明细账	生产工时	分配率	分配额				
制造费用		加工车间	—	—	—	—	—	—	—
		钢构一车间	—	—	—	—	—	—	—
		钢构二车间	—	—	—	—	—	—	—
		装配车间	—	—	—	—	—	—	—
		小计	—	—	—	—	—	—	—
辅助生产成本		维修车间	—	—	—	120 000	—	—	120 000
		运输车间	—	—	—	—	220 000	—	220 000
		小计	—	—	—	120 000	220 000	—	340 000
管理费用		管理部门	—	—	—	—	—	—	—
销售费用		销售部门	—	—	—	—	—	—	—
合计			—	—	—	—	—	—	—

表 3-3　外购动力费用分配表

2020 年 5 月 31 日　　　　　　　　　　　　　　　　　　　　单位：元

会计科目			动力用电				照明用电			
总账	二级账	明细账	用电度数	工时	分配率	分配金额	用电度数	工时	分配率	分配金额
基本生产成本	加工车间	JG-01	—	—	—	—	—	—	—	—
		JG-02	—	—	—	—	—	—	—	—
		JG-03	—	—	—	—	—	—	—	—
		小计	—	—	—	—	—	—	—	—
	钢构一车间	GGY-01	—	—	—	—	—	—	—	—
		GGY-02	—	—	—	—	—	—	—	—
		小计	—	—	—	—	—	—	—	—
	钢构二车间	GGE-01	—	—	—	—	—	—	—	—
		小计	—	—	—	—	—	—	—	—
	装配车间	ZP-01	—	—	—	—	—	—	—	—
		ZP-02	—	—	—	—	—	—	—	—
		ZP-03	—	—	—	—	—	—	—	—
		小计	—	—	—	—	—	—	—	—

续表

会计科目			动力用电				照明用电			
总账	二级账	明细账	用电度数	工时	分配率	分配金额	用电度数	工时	分配率	分配金额
辅助生产成本	维修车间		50 000	—	1	50 000	20 000	—	1.5	30 000
	运输车间		100 000	—	1	100 000	40 000	—	1.5	60 000
	小计		150 000	—	1	150 000	60 000	—	1.5	90 000
制造费用	加工车间		—	—	—	—	—	—	—	—
	钢构一车间		—	—	—	—	—	—	—	—
制造费用	钢构二车间		—	—	—	—	—	—	—	—
	装配车间		—	—	—	—	—	—	—	—
	小计		—	—	—	—	—	—	—	—
管理费用	行政管理部门		—	—	—	—	—	—	—	—
销售费用	销售部门		—	—	—	—	—	—	—	—
合计			—	—	—	—	—	—	—	—

表 3-4　固定资产折旧计算表

2020 年 5 月 31 日　　　　　　　　　　　　　　　　　　　　　单位：元

应借科目	部门	上月折旧额	上月增加固定资产增加折旧额	上月减少固定资产减少折旧额	本月折旧额
制造费用	加工车间	—	—	—	—
	钢构一车间	—	—	—	—
	钢构二车间	—	—	—	—
	装配车间	—	—	—	—
	小计	—	—	—	—
辅助生产成本	维修车间	38 000	3 000	1 000	40 000
	运输车间	56 000	5 000	1 000	60 000
	小计	94 000	8 000	2 000	100 000
管理费用	管理部门	—	—	—	—
销售费用	销售部门	—	—	—	—
合计		—	—	—	—

1. 根据要素费用分配表,登记"辅助生产费用明细账"(表 3-5 至表 3-6)。

表 3-5　辅助生产费用明细账

生产车间:维修车间　　　　　　　　　　　　　　　　　　　　　单位:元

2020 年		凭证号数	摘　要	成本项目				合计	转出
月	日			直接材料	直接人工	燃料及动力	折旧费		
			材料费用分配表						
			工资费用分配表						
			外购动力费用分配表						
			固定资产折旧计算表						

表 3-6　辅助生产费用明细账

生产车间:运输车间　　　　　　　　　　　　　　　　　　　　　单位:元

2020 年		凭证号数	摘　要	成本项目				合计	转出
月	日			直接材料	直接人工	燃料及动力	折旧费		
			材料费用分配表						
			工资费用分配表						
			外购动力费用分配表						
			固定资产折旧计算表						

2. 2020 年 5 月辅助生产车间提供的劳务及其消耗情况如表 3-7 所示。采用五种方法分配辅助生产费用,完成辅助生产费用分配表;并根据填制的辅助生产费用分配表,编制相应的记账凭证(表 3-7 至表 3-34)。

表 3-7　辅助生产车间劳务数量汇总表

2020 年 5 月 31 日

劳务名称	劳务耗用情况									合计
	修理车间	运输车间	JG-01产品	钢构一车间	钢构二车间	加工车间	装配车间	管理部门	销售部门	
维修/小时		10 000	5 000	5 000	10 000	20 000	5 000	2 000	3 000	60 000
运输/公里	1 000		2 000	1 000	1 500	500	1 000	400	600	8 000

（1）直接分配法

表 3-8　辅助生产费用分配表（直接分配法）

2020 年 5 月 31 日　　　　　　　　　　　　　　　　　单位：元

劳务供应车间			修理车间	运输车间	合计
待分配劳务费用					
应分配劳务数量					
分配率（单位成本）					
受益单位及数额	JG-01 产品	数量			
		金额			
	钢构一车间	数量			
		金额			
	钢构二车间	数量			
		金额			
	加工车间	数量			
		金额			
	装配车间	数量			
		金额			
受益单位及数额	管理部门	数量			
		金额			
	销售部门	数量			
		金额			
金额合计					

表 3-9　转账凭证

年　月　日　　　　　　　　　　　　　　　　　　凭证号数：

摘要	总账科目	明细科目	借方金额									贷方金额								
			千	百	十	万	千	百	十	元	角	分	千	百	十	万	千	百	十	元	角	分
	合计																					

财务主管　　　　　　　　记账　　　　　　　复核　　　　　　　制单

表 3-10　转账凭证

年　月　日　　　　　　　　　　　　　　　　　　凭证号数：

摘要	总账科目	明细科目	借方金额									贷方金额								
			千	百	十	万	千	百	十	元	角	分	千	百	十	万	千	百	十	元	角	分
	合计																					

财务主管　　　　　　　　记账　　　　　　　复核　　　　　　　制单

表 3-11　转账凭证

年　月　日　　　　　　　　　　　　　　　　　　　凭证号数：

摘要	总账科目	明细科目	借方金额											贷方金额										
			千	百	十	万	千	百	十	元	角	分	千	百	十	万	千	百	十	元	角	分
合计																						

财务主管　　　　　　记账　　　　　　复核　　　　　　制单

表 3-12　转账凭证

年　月　日　　　　　　　　　　　　　　　　　　　凭证号数：

摘要	总账科目	明细科目	借方金额											贷方金额										
			千	百	十	万	千	百	十	元	角	分	千	百	十	万	千	百	十	元	角	分
合计																						

财务主管　　　　　　记账　　　　　　复核　　　　　　制单

（2）交互分配法

表 3-13　辅助生产费用分配表（交互分配法）

2020 年 5 月 31 日　　　　　　　　　　　　　　　　　　　　单位：元

项　　目		交互分配			对外分配		
劳务供应车间		修理车间	运输车间	合计	修理车间	运输车间	合计
待分配劳务费用							
应分配劳务数量							
分配率(单位成本)							
受益单位及数额	修理车间	数量					
		金额					
	运输车间	数量					
		金额					
	JG-01 产品	数量					
		金额					
	钢构一车间	数量					
		金额					
	钢构二车间	数量					
		金额					
	加工车间	数量					
		金额					
	装配车间	数量					
		金额					
	管理部门	数量					
		金额					
	销售部门	数量					
		金额					
	金额合计						

表 3-14　转账凭证

年　月　日　　　　　　　　　　　　　　　　　凭证号数：

摘要	总账科目	明细科目	借方金额											贷方金额										
			千	百	十	万	千	百	十	元	角	分	千	百	十	万	千	百	十	元	角	分
	合计																					

财务主管　　　　　　　记账　　　　　　　复核　　　　　　　制单

表 3-15　转账凭证

年　月　日　　　　　　　　　　　　　　　　　凭证号数：

摘要	总账科目	明细科目	借方金额											贷方金额										
			千	百	十	万	千	百	十	元	角	分	千	百	十	万	千	百	十	元	角	分
	合计																					

财务主管　　　　　　　记账　　　　　　　复核　　　　　　　制单

表 3-16　转账凭证

年　月　日　　　　　　　　　　　　　　　　　　　　凭证号数：

摘要	总账科目	明细科目	借方金额										贷方金额								
			千	百	十	万	千	百	十	元	角	分	千	百	十	万	千	百	十	元	角	分
	合计																					

财务主管　　　　　　　　　记账　　　　　　　　复核　　　　　　　　制单

表 3-17　转账凭证

年　月　日　　　　　　　　　　　　　　　　　　　　凭证号数：

摘要	总账科目	明细科目	借方金额										贷方金额								
			千	百	十	万	千	百	十	元	角	分	千	百	十	万	千	百	十	元	角	分
	合计																					

财务主管　　　　　　　　　记账　　　　　　　　复核　　　　　　　　制单

表 3-18　转账凭证

年　月　日　　　　　　　　　　　　　　　　　　　凭证号数：

摘要	总账科目	明细科目	借方金额									贷方金额								
			千	百	十	万	千	百	十	元	角	分	千	百	十	万	千	百	十	元	角	分
	合计																					

财务主管　　　　　　　　记账　　　　　　　　复核　　　　　　　　制单

（3）顺序分配法

采用顺序分配法时，需对辅助生产车间按照受益大小进行排序。本实训中，假设维修车间受益小，运车间受益大。

表 3-19　辅助生产费用分配表（顺序分配法）

2020 年 5 月 31 日　　　　　　　　　　　　　　　单位：元

项目			第一次分配	第二次分配	合计
劳务供应车间			修理车间	运输车间	
待分配劳务费用					
应分配劳务数量					
分配率（单位成本）					
受益单位及数额	运输车间	数量			
		金额			
	JG-01 产品	数量			
		金额			
	钢构一车间	数量			
		金额			

续表

项目			第一次分配	第二次分配	合计
劳务供应车间			修理车间	运输车间	
受益单位及数额	加工车间	数量			
		金额			
	钢构二车间	数量			
		金额			
	装配车间	数量			
		金额			
	管理部门	数量			
		金额			
	销售部门	数量			
		金额			
	金额合计				

表 3-20 转账凭证

年 月 日　　　　　　　　　　　　　　　　　凭证号数：

摘要	总账科目	明细科目	借方金额										贷方金额									
			千	百	十	万	千	百	十	元	角	分	千	百	十	万	千	百	十	元	角	分
	合计																					

财务主管　　　　　　　　记账　　　　　　　　复核　　　　　　　　制单

表 3-21　转账凭证

年　月　日　　　　　　　　　　　　　凭证号数：

摘要	总账科目	明细科目	借方金额									贷方金额								
			千	百	十	万	千	百	十	元	角	分	千	百	十	万	千	百	十	元	角	分
合计																						

财务主管　　　　　　记账　　　　　　复核　　　　　　制单

表 3-22　转账凭证

年　月　日　　　　　　　　　　　　　凭证号数：

摘要	总账科目	明细科目	借方金额									贷方金额								
			千	百	十	万	千	百	十	元	角	分	千	百	十	万	千	百	十	元	角	分
合计																						

财务主管　　　　　　记账　　　　　　复核　　　　　　制单

表 3-23　转账凭证

年　月　日　　　　　　　　　　　　　　　　　　　凭证号数：

摘要	总账科目	明细科目	借方金额											贷方金额										
			千	百	十	万	千	百	十	元	角	分	千	百	十	万	千	百	十	元	角	分
合计																							

财务主管　　　　　　　记账　　　　　　　复核　　　　　　　制单

（4）代数分配法

表 3-24　辅助生产费用分配表（代数分配法）

2020 年 5 月 31 日　　　　　　　　　　　　　　　　单位：元

项目		代数分配		合计
劳务供应车间		修理车间	运输车间	
待分配劳务费用				
应分配劳务数量				
实际单位成本				
受益单位及数额	修理车间	数量			
		金额			
	运输车间	数量			
		金额			
	JG-01 产品	数量			
		金额			
	钢构一车间	数量			
		金额			

续表

项目			代数分配		合计
劳务供应车间			修理车间	运输车间	
受益单位及数额	钢构二车间	数量			
		金额			
	加工车间	数量			
		金额			
	装配车间	数量			
		金额			
	管理部门	数量			
		金额			
	销售部门	数量			
		金额			
金额合计					

表 3-25 转账凭证

年　月　日　　　　　　　　　　　　　　　　　　凭证号数：

摘要	总账科目	明细科目	借方金额										贷方金额									
			千	百	十	万	千	百	十	元	角	分	千	百	十	万	千	百	十	元	角	分
合计																						

财务主管　　　　　　　　记账　　　　　　　　复核　　　　　　　　制单

表 3-26 转账凭证

年　月　日　　　　　　　　　　　　　　　　凭证号数：

摘要	总账科目	明细科目	借方金额									贷方金额								
			千	百	十	万	千	百	十	元	角	分	千	百	十	万	千	百	十	元	角	分
	合计																					

财务主管　　　　　　　　记账　　　　　　　　复核　　　　　　　　制单

表 3-27 转账凭证

年　月　日　　　　　　　　　　　　　　　　凭证号数：

摘要	总账科目	明细科目	借方金额									贷方金额								
			千	百	十	万	千	百	十	元	角	分	千	百	十	万	千	百	十	元	角	分
	合计																					

财务主管　　　　　　　　记账　　　　　　　　复核　　　　　　　　制单

表 3-28　转账凭证

年　月　日　　　　　　　　　　　　　　　凭证号数：

摘要	总账科目	明细科目	借方金额										贷方金额									
			千	百	十	万	千	百	十	元	角	分	千	百	十	万	千	百	十	元	角	分
	合计																					

财务主管　　　　　　　　记账　　　　　　　　复核　　　　　　　　制单

（5）计划成本分配法

假设维修小时的计划成本为 5 元，每运输公里的计划成本为 52 元，辅助生产成本差异全部计入管理费用。

表 3-29　辅助生产费用分配表（计划成本分配法）

2020 年 5 月 31 日　　　　　　　　　　　　　　　单位：元

项目			计划成本分配		合计
劳务供应车间			修理车间	运输车间	
待分配劳务费用					
应分配劳务数量					
计划单位成本					
受益单位及数额	修理车间	数量			
		金额			
	运输车间	数量			
		金额			
	JG-01 产品	数量			
		金额			

续表

项目			计划成本分配		合计
劳务供应车间			修理车间	运输车间	
受益单位及数额	钢构一车间	数量			
		金额			
	钢构二车间	数量			
		金额			
	加工车间	数量			
		金额			
	装配车间	数量			
		金额			
	管理部门	数量			
		金额			
	销售部门	数量			
		金额			
计划成本合计					
辅助生产成本实际额					
辅助生产成本差异					

表 3-30 转账凭证

年　月　日　　　　　　　　　　　　　　　　　　　　　凭证号数：

摘要	总账科目	明细科目	借方金额										贷方金额									
			千	百	十	万	千	百	十	元	角	分	千	百	十	万	千	百	十	元	角	分
合计																						

财务主管　　　　　　　　　记账　　　　　　　　　复核　　　　　　　　　制单

表 3-31　转账凭证

年　月　日　　　　　　　　　　　　　　　　　凭证号数：

摘要	总账科目	明细科目	借方金额									贷方金额								
			千	百	十	万	千	百	十	元	角	分	千	百	十	万	千	百	十	元	角	分
	合计																					

财务主管　　　　　　　　记账　　　　　　　　复核　　　　　　　　制单

表 3-32　转账凭证

年　月　日　　　　　　　　　　　　　　　　　凭证号数：

摘要	总账科目	明细科目	借方金额									贷方金额								
			千	百	十	万	千	百	十	元	角	分	千	百	十	万	千	百	十	元	角	分
	合计																					

财务主管　　　　　　　　记账　　　　　　　　复核　　　　　　　　制单

表 3-33　转账凭证

年　月　日　　　　　　　　　　　　　　　凭证号数：

摘要	总账科目	明细科目	借方金额										贷方金额									
			千	百	十	万	千	百	十	元	角	分	千	百	十	万	千	百	十	元	角	分
	合计																					

财务主管　　　　　　　　记账　　　　　　　　复核　　　　　　　　制单

表 3-34　转账凭证

年　月　日　　　　　　　　　　　　　　　凭证号数：

摘要	总账科目	明细科目	借方金额										贷方金额									
			千	百	十	万	千	百	十	元	角	分	千	百	十	万	千	百	十	元	角	分
	合计																					

财务主管　　　　　　　　记账　　　　　　　　复核　　　　　　　　制单

实训 7　制造费用的归集和分配

一、实训目的

通过对制造费用范围的了解,熟悉制造费用分配的工作原理,重点掌握制造费用的分配方法。

二、知识链接

制造费用是指工业企业为生产产品(或提供劳务)而发生的,应计入产品成本,但没有专设成本项目的各项生产费用。企业制造费用涉及的范围广、内容多、但通常包括以下三类:直接用于产品生产未单独设置成本项目的费用;间接用于产品生产不能单设产品成本项目的费用;为组织和管理产品生产而发生的费用。

(一)制造费用核算的账户设置

为了正确反映制造费用的发生和分配情况,企业应设置"制造费用"账户进行总分类核算。该账户应按不同的生产单位设立明细账,账内按照费用项目设立专栏或专户,分别反映生产单位各项制造费用的发生情况。"制造费用"账户属于成本费用类账户,借方登记归集发生的制造费用,贷方反映制造费用的分配,月末无余额。

(二)制造费用分配与核算

各生产车间和分厂为产品生产而发生的间接计入成本按单位分别归集后,月终就需按照一定的标准在各该生产单位所生产的产品或劳务成本间进行分配。制造费用分配标准应根据实际情况不同来确定和选择,且不得随意变更已经确定的制造费用分配方法。其分配方法主要有工时比例分配法、工资比例分配法、机时比例分配法、年度计划分配率法等。

(1)工时比例分配法

工时比例分配法是按照各种产品所耗生产工人工时的比例分配制造费用的方法。对于这种分配方法,企业需要有真实准确的工时记录,并按实际消耗工时计算。但在没有实际工时记录时,也可以按定额工时分配制造费用。具体分配公式如下:

$$车间制造费用分配率 = \frac{该车间制造费用总额}{该车间工人生产工时总和}$$

某产品应负担制造费用＝该产品所耗工时×该车间制造费用分配率

(2) 工资比例分配法

工资比例分配法是按照计入各种产品成本的生产工人工资比例分配制造费用的方法。采用这一方法的前提是各种产品生产机械化的程度应该大致相同，否则机械化程度低的产品所用工资费用多，负担的制造费用也要多，而机械化程度高的产品则负担的制造费用较少，从而影响费用分配的合理性。因此，使用工时比例分配法时，要注意各种产品的机械化程度应当基本相近。具体分配公式如下：

$$车间制造费用分配率 = \frac{该车间制造费用额}{该车间生产工人工资总额}$$

某产品应负担制造费用＝该产品负担的生产工人工资×该车间制造费用分配率

(3) 机时比例分配法

机时比例分配法是按照各种产品所消耗的机器工时比例分配制造费用的方法。这一方法适用于生产机械化程度较高的产品。采用这一方法的前提条件是必须具备各种产品所耗机器工时的完整的原始记录。该方法的计算原理与生产工时比例分配法基本相同。具体分配公式如下：

$$某车间制造费用分配率 = \frac{该车间制造费用总额}{该车间所耗机时总和}$$

某产品应负担制造费用＝该产品所耗机时×该车间制造费用分配率

(4) 年度计划分配率法

年度计划分配率法，又叫预算分配率法，是企业在正常生产经营条件下，依据年度制造费用预算数与各种产品预计产量的相关定额标准（如工时、机时等）确定计划分配率，并以此分配制造费用的方法。按计划分配率分配制造费用，手续简便，特别适用于季节性生产的企业或车间，但要求企业或车间具有较高的计划管理水平。

采用这种方法，不论各月实际发生的制造费用多少，每月各种产品成本中的制造费用都是按年度计划确定的计划分配率分配。如果年度内发现全年制造费用实际数和产品实际产量与计划分配率计算得出的分配数之间存在差额时，则需要在年末进行再分配，调整计入年末产品的成本中。因此，这对于年末产品成本水平影响很大。实际操作过程中，对实际制造费用大于已分配计划制造费用的差异，蓝字补记入各产品的生产成本；对实际制造费用小于已分配的计划制造费用的差异，用红字冲回多记的产品生产成本。

但若两者差额过大，则应及时调整计划分配率，以便达到分配额相对准确。因此，这种方法适用于制造费用预算制定得比较准确的企业。具体分配公式如下：

① 按计划分配率分配

$$某车车间制造费用计划配率 = \frac{该车间年度制造费用预算数}{\sum(该车间每种产品计划 \times 产量某标准单位定额)}$$

某产品应负担制造费用＝该产品实际产量×标准单位定额×

车间制造费用计划分配率

② 差额分配

$$制造费用差异分配率 = \frac{实际制造费用与按计划分配率分配制造费用的差额}{全年按计划分配率分配制造费用总额}$$

某产品应负担制造费用差异额＝该产品12月份负担制造费用×

制造费用差异分配率

三、实训要求

（1）根据要素费用分配表，登记"制造费用明细账"。

（2）分别采用工时比例分配法与年度计划分配率法计算产品应分配的制造费用，完成制造费用分配表。计算中间结果保留四位小数，最终结果保留两位小数。

（3）根据制造费用分配表，编制记账凭证。

（4）根据记账凭证，登记相关成本费用账簿。[①]

四、实训资料

（一）归集分配示意图

如图3-2所示。

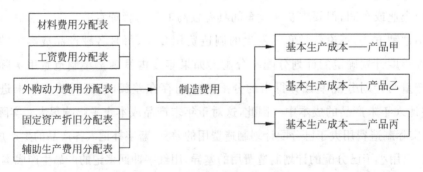

图3-2 制造费用归集分配示意图

---

①本实训要求4中涉及的相关费用成本费用账簿登记主要在"工时比例分配法"中体现，主要为"制造费用"的转出，具体产品的"基本生产成本明细账"则略去。后续"年度计划分配率法"省去该要求。

(二)实训具体资料

本实训以钢构一车间为例,该车间所产产品主要为GGY-01、GGY-02两种类型。该车间两类产品相关的业务成本信息如下(见表3-35至表3-39)。

表3-35 材料费用分配表

2020年5月31日　　　　　　　　　　　　　　　　　　　单位:元

会计科目		成本费用项目	直接耗用材料	分配率			合计
				定额耗用量	分配率	分配费用	
基本生产成本	加工车间	JG-01	原材料	—	—	—	—
		JG-02	原材料	—	—	—	—
		JG-03	原材料	—	—	—	—
		小计					
	钢构一车间	GGY-01	原材料				
		GGY-02	原材料				
		小计					
	钢构二车间	GGE-01	原材料				
		小计					
辅助生产成本		维修车间		—			
		运输车间		—			
		小计					
制造费用		钢构一车间	低值易耗品	20 000	—	—	—	20 000
		小计		20 000			20 000
管理费用		管理部门	低值易耗品	—				
		小计					
销售费用		销售部门	低值易耗品	—				
		小计					
合计				—	—	—	—	—

表 3-36　工资费用分配表

2020 年 5 月 31 日　　　　　　　　　　　　　　　　　　　　　　　　单位：元

会计科目			基本生产车间			维修车间	运输车间	管理/销售部门	合计
总账	二级账	明细账	生产工时	分配率	分配额				
基本生产成本	加工车间	JG-01	—	—	—	—	—	—	—
		JG-02	—	—	—	—	—	—	—
		JG-03	—	—	—	—	—	—	—
	钢构一车间	GGY-01	—	—	—	—	—	—	—
		GGY-02	—	—	—	—	—	—	—
	钢构二车间	GGE-01	—	—	—	—	—	—	—
	装配车间	ZP-01	—	—	—	—	—	—	—
		ZP-02	—	—	—	—	—	—	—
		ZP-03	—	—	—	—	—	—	—
	小计		—	—	—	—	—	—	—
制造费用	加工车间		100	50	5 000	—	—	—	5 000
	钢构一车间		200	60	12 000	—	—	—	12 000
	钢构二车间		300	80	24 000	—	—	—	24 000
	装配车间		400	60	24 000	—	—	—	24 000
	小计		1 000	—	65 000	—	—	—	65 000
辅助生产成本	维修车间		—	—	—	—	—	—	—
	运输车间		—	—	—	—	—	—	—
	小计		—	—	—	—	—	—	—
管理费用	管理部门		—	—	—	—	—	—	—
销售费用	销售部门		—	—	—	—	—	—	—
合计			—	—	—	—	—	—	—

表 3-37　外购动力费用分配表

2020 年 5 月 31 日　　　　　　　　　　　　　　　　　　单位：元

会计科目			动力用电				照明用电			
总账	二级账	明细账	用电度数	工时	分配率	分配金额	用电度数	工时	分配率	分配金额
基本生产成本	加工车间	JG-01	—	—	—	—	—	—	—	—
		JG-02	—	—	—	—	—	—	—	—
		JG-03	—	—	—	—	—	—	—	—
		小计	—	—	—	—	—	—	—	—
	钢构一车间	GGY-01	—	—	—	—	—	—	—	—
		GGY-02	—	—	—	—	—	—	—	—
		小计	—	—	—	—	—	—	—	—
	钢构二车间	GGE-01	—	—	—	—	—	—	—	—
		小计	—	—	—	—	—	—	—	—
	装配车间	ZP-01	—	—	—	—	—	—	—	—
		ZP-02	—	—	—	—	—	—	—	—
		ZP-03	—	—	—	—	—	—	—	—
		小计	—	—	—	—	—	—	—	—
辅助生产成本	维修车间		—	—	—	—	—	—	—	—
	运输车间		—	—	—	—	—	—	—	—
	小计		—	—	—	—	—	—	—	—
制造费用	加工车间		70 000	—	1	70 000	22 000	—	1.5	33 000
	钢构一车间		125 000	—	1	125 000	46 000	—	1.5	69 000
	钢构二车间		56 000	—	1	56 000	18 000	—	1.5	27 000
	装配车间		109 000	—	1	109 000	58 000	—	1.5	87 000
	小计		360 000	—	1	360 000	144 000	—	1.5	216 000
管理费用	行政管理部门		—	—	—	—	—	—	—	—
销售费用	销售部门		—	—	—	—	—	—	—	—
合计			—	—	—	—	—	—	—	—

表 3-38 固定资产折旧计算表

2020 年 5 月 31 日　　　　　　　　　　　　　　　　　　　　　　　单位：元

应借科目	部门	上月折旧额	上月增加固定资产增加折旧额	上月减少固定资产减少折旧额	本月折旧额
制造费用	加工车间	38 000	3 000	1 000	40 000
	钢构一车间	56 000	5 000	1 000	60 000
	钢构二车间	47 000	5 000	2 000	50 000
	装配车间	46 000	5 000	1 000	50 000
	小计	187 000	18 000	5 000	200 000
辅助生产成本	维修车间	—	—	—	—
	运输车间	—	—	—	—
	小计				
管理费用	管理部门				
销售费用	销售部门				
合计		—	—	—	—

表 3-39 辅助生产费用分配表

2020 年 5 月 31 日　　　　　　　　　　　　　　　　　　　　　　　单位：元

项目			直接分配		
劳务供应车间			修理车间	运输车间	合计
待分配劳务费用			240 000	420 000	660 000
应分配劳务数量			50 000	7 000	—
分配率（单位成本）			4.8	60	—
受益单位及数额	JG-01	数量	5 000	2 000	—
		金额	24 000	120 000	144 000
	钢构一车间	数量	5 000	1 000	
		金额	24 000	60 000	84 000
	钢构二车间	数量	10 000	1 500	
		金额	48 000	90 000	138 000

续表

<table>
<tr><th colspan="2">项目</th><th></th><th colspan="3">直接分配</th></tr>
<tr><td rowspan="8">受益单位及数额</td><td rowspan="2">加工车间</td><td>数量</td><td>20 000</td><td>500</td><td>—</td></tr>
<tr><td>金额</td><td>96 000</td><td>30 000</td><td>126 000</td></tr>
<tr><td rowspan="2">装配车间</td><td>数量</td><td>5 000</td><td>1 000</td><td>—</td></tr>
<tr><td>金额</td><td>24 000</td><td>60 000</td><td>84 000</td></tr>
<tr><td rowspan="2">管理部门</td><td>数量</td><td>2 000</td><td>400</td><td>—</td></tr>
<tr><td>金额</td><td>9 600</td><td>24 000</td><td>33 600</td></tr>
<tr><td rowspan="2">销售部门</td><td>数量</td><td>3 000</td><td>600</td><td>—</td></tr>
<tr><td>金额</td><td>14 400</td><td>36 000</td><td>50 400</td></tr>
<tr><td colspan="3">金额合计</td><td>240 000</td><td>420 000</td><td>660 000</td></tr>
</table>

1. 根据要素费用分配表,登记"制造费用明细账"(表3-40)。

表3-40 制造费用明细账

生产车间:钢构一车间　　　　　　　　　　　　　　　　　　　　　　　　单位:元

<table>
<tr><th colspan="2">2020年</th><th rowspan="2">凭证号数</th><th rowspan="2">摘　要</th><th colspan="5">成本项目</th><th rowspan="2">合计</th><th rowspan="2">转出</th></tr>
<tr><th>月</th><th>日</th><th>原材料</th><th>职工薪酬</th><th>水电费</th><th>折旧费</th><th>修理/运输费</th></tr>
<tr><td></td><td></td><td></td><td>材料费用分配表</td><td></td><td></td><td></td><td></td><td></td><td></td><td></td></tr>
<tr><td></td><td></td><td></td><td>工资费用分配表</td><td></td><td></td><td></td><td></td><td></td><td></td><td></td></tr>
<tr><td></td><td></td><td></td><td>外购动力费用分配表</td><td></td><td></td><td></td><td></td><td></td><td></td><td></td></tr>
<tr><td></td><td></td><td></td><td>固定资产折旧计算表</td><td></td><td></td><td></td><td></td><td></td><td></td><td></td></tr>
<tr><td></td><td></td><td></td><td>辅助生产费用分配表</td><td></td><td></td><td></td><td></td><td></td><td></td><td></td></tr>
<tr><td></td><td></td><td></td><td></td><td></td><td></td><td></td><td></td><td></td><td></td><td></td></tr>
<tr><td></td><td></td><td></td><td></td><td></td><td></td><td></td><td></td><td></td><td></td><td></td></tr>
<tr><td></td><td></td><td></td><td></td><td></td><td></td><td></td><td></td><td></td><td></td><td></td></tr>
</table>

2. 采用工时比例分配法与年度计划分配率法计算产品应分配的制造费用,完成制造费用分配表;根据制造费用分配表,编制记账凭证,并登记相关成本费用账簿(表 3-41 至表 3-44)。

(1) 工时比例分配法

钢构一车间主要生产两种产品,根据 2020 年 5 车间生产工时统计表,其中 GGY-01 产品生产工人工时为 1648 小时,GGY-02 产品生产工人工时为 812 小时。

表 3-41 制造费用分配表(工人工时比例分配法)

车间名称:钢构一车间　　　　　2020 年 5 月　　　　　　　　单位:元

应借科目		生产工时(实际工时)	分配金额
基本生产成本	GGY-01 产品		
	GGY-02 产品		
合计			

表 3-42 转账凭证

年　月　日　　　　　　　　　　　　　　　凭证号数:

摘要	总账科目	明细科目	借方金额									贷方金额								
			千	百	十	万	千	百	十	元	角	分	千	百	十	万	千	百	十	元	角	分
	合计																					

财务主管　　　　　　记账　　　　　　复核　　　　　　制单

(2) 年度计划分配率法

如果改用年度计划分配率法,相关信息如下。

① 全年度制造费用计划数为 15 000 000 元。

② 该车间全年计划产量为:GGY-01 产品 5000 件,GGY-02 产品 2 500 件。

③ 单位产品的工时定额为:GGY-01 产品 2 小时,GGY-02 产品 4 小时。

④ 2020 年 5 月份该车间实际产量为：GGY-01 产品 800 件，GGY-02 产品 200 件。

表 3-43　制造费用分配表（年度计划分配率法）

车间名称：钢构一车间　　　　　　　　2020 年 5 月　　　　　　　　单位：元

应借科目		实际产量定额工时	分配金额
基本生产成本	GGY-01 产品		
	GGY-02 产品		
合计			

表 3-44　转账凭证

年　月　日　　　　　　　　　　　　　　　　　凭证号数：

摘要	总账科目	明细科目	借方金额										贷方金额									
			千	百	十	万	千	百	十	元	角	分	千	百	十	万	千	百	十	元	角	分
合计																						

财务主管　　　　　　　记账　　　　　　　复核　　　　　　　制单

实训 8　生产损失的归集和分配

一、实训目的

通过对生产损失的了解，掌握制造生产损失归集和分配的工作原理和具体分配方法。

二、知识链接

(一) 废品与废品损失的概念

废品是指经检验在质量上不符合规定的技术标准、不能按其原定用途使用，或需要加工修理后才能使用的在产品、半成品和产成品。根据废损程度和在经济上是否具有修复价值，废品可以划分为可修复和不可修复两种类型。当同时具备技术上可以修复、经济上具有修复价值这两个条件时，可以称之为可修复废品；反之，不能修复或者所花费的修理费用在经济上不合算的废品，则称之为不可修复废品。

废品损失是指因产生废品而造成的损失，具体包括不可修复废品的生产成本，以及可修复废品的修复费用，扣除回收的废品残料价值和应由过失单位或个人赔款以后的损失。修复费用是指可修复废品在返修过程中所发生的修理用材料、动力、生产工人工资、应负担的制造费用等扣除过失人赔偿后的净支出。具体公式如下：

废品净损失＝可修复废品的修复费用＋(不可修复废品的成本－残值)

需要注意的是，不需返修而降价出售的不合格品，其降价损失，应在计算销售损益时体现，不应作为废品损失处理；产成品入库后，由于保管不善等原因而损坏变质的损失，属管理上的问题，应作为管理费用处理，也不作为废品损失处理；出售后发现的废品，由于退回废品所支付的运杂费应包括在废品损失内。但实行三包(包退、包修、包换)的企业，在产品出售后发现的废品，所发生的一切损失，应计入管理费用，不包括在废品损失内。

质检部门发现废品时，需要填制"废品通知单"，并列明废品的种类、数量、产生废品的原因和过失人等信息。该"废品通知单"需要经过相关成本会计人员和检验人员地共同审核；审核过后的"废品通知单"作为废品损失核算的根据。

(二) 废品损失核算形式

废品损失核算是指废品损失的归集、结转和分配。废品损失的核算形式有以下两种形式。

(1) 不单独核算废品损失

在不单独核算废品损失的企业中，不设立"废品损失"账户和成本项目。只在回收废品残料时，借记"原材料"账户，贷记"生产成本——基本生产成本"账户，并从所属有关产品成本明细账的"直接材料"成本项目中扣除残值。因此,"基本生产成本"账户和所属有关产品成本明细账归集的完工产品总成本,除以扣除废品数量以后的合格品数量,就是合格品的单位成本。这种方法会导致成本扭曲。

(2) 单独核算废品损失

与上述不单独核算相反,单独核算废品损失需要单独设置"废品损失"总账;也可在"生产成本——基本生产成本"账目下设"废品损失"二级账,并在此二级账下按车间、产品,分设明细账,按成本项目设专栏核算。"废品损失"账户借方反映废品已耗的生产成本、返工品的返修费用以及退回废品而支付的运杂费等,贷方登记废品残料回收的价值和应收过失人赔偿款。月终,将正常废品净损失转至"基本生产成本"账户的借方。对于非正常原因产生的废品损失,应作为损失冲减当月的损益。"废品损失"账户一般无余额。单独核算废品损失有助于向管理当局提供有效、准确的废品成本。

(三) 废品损失核算及账务处理

在废品净损失的计算公式中,需要计算的主要是不可修复废品的成本。该成本可采取按废品所耗实际费用和按定额成本两种方法计算。

按废品所耗实际费用计算时,要考虑产品生产的投料情况。若材料在开始生产时一次投入,则废品所耗材料费用应与合格品相同,按合格品和废品的数量比例进行分配即可;除材料费用以外的加工费用,则按合格品和废品的工时比例进行分配。计算出废品的实际成本后,从"生产成本——基本生产成本"账户的贷方转入"废品损失"账户的借方。

按定额成本计算时,是根据废品的数量、定额消耗量和单价等资料计算。由于定额费用事先确定,不仅提高了计算工作的简便性,而且还使计入产品成本的废品损失数额不受废品实际费用水平高低的影响。这有利于废品损失和产品成本的分析和考核。具体计算公式如下:

废品材料(或工时)定额消耗量=废品数量×单位产品材料(或工时)消耗定额

废品定额成本=废品单位产品定额消耗量×材料(或费用)单价

在进行废品损失核算和账务处理过程中,不可修复废品成本和可修复废品的修复费用应计入"废品损失"账户借方;根据入库回收的残值和应收赔款,应从"废品损失"账户的贷方转入"原材料"和"其他应收款"账户的借方。废品修复费用减去残料和赔款后的废品净损失,也应从"废品损失"账户的贷方转入"基本生产成本"科目。

三、实训要求

（1）根据当月废品信息，填制"废品损失明细账"和"成本计算单"。
（2）根据"废品损失明细账"和"成本计算单"，编制记账凭证。

四、实训资料

（一）归集分配示意图

如图 3-3 所示。

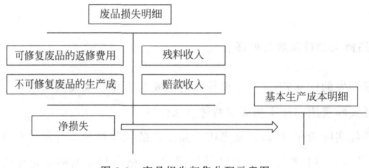

图 3-3　废品损失归集分配示意图

（二）实训具体资料

该公司钢构一车间生产 GGY-01 产品，经检验存在部分废品情况。因此需进行相关废品损失的计算和账务处理。相关信息如下。

根据该产品"基本生产成本明细账"所示，2020 年 5 月该产品所耗直接材料为 360 000 元，直接人工 210 000 元，制造费用 171 200 元。

其中，生产过程中发现可修复废品 30 件，根据"材料费用分配汇总表"提供的资料，修复甲产品领用材料的实际成本为 700 元。根据"工资及福利费用分配汇总表"和"制造费用分配表"提供的资料可知，修复废品应负担的工资费用为 200 元，福利费为 30 元，制造费用为 150 元，已修复入库。

发现不可修复废品 10 件，其定额成本为：材料费用为每件 90 元，人工费用为每件 70 元，制造费用为每件 55 元，回收残料价值 450 元，应收责任人赔偿款 120 元。

（1）根据当月废品信息，填制"废品损失明细账"和"成本计算单"（表 3-45 至表 3-50）。

表 3-45　废品损失明细账

产品名称：GGY-01 产品　　　　　2020 年 5 月　　　　　　　　　　单位：元

摘要		直接材料	直接人工	制造费用	合计
可修复废品成本	材料费用分配表				
	工资费用分配表				
	制造费用分配表				
	小计				
转入不可修复废品成本					
回收残料价值					
应收责任人赔偿款					
转出废品净损失					

表 3-46　产品成本计算单

产品名称：GGY-01 产品　　　　　2020 年 5 月 31 日　　　　　　　　单位：元

摘要	直接材料	直接人工	制造费用	废品损失	合计
累计生产费用					
转出不可修复废品生产成本					
转入废品净损失					
生产费用合计					

（2）根据"废品损失明细账"和"成本计算单"，编制记账凭证（表 3-47 至表 3-50）。

表 3-47　转账凭证

　　　　　　　　　　　　　　　年　月　日　　　　　　　　　　　凭证号数：

摘要	总账科目	明细科目	借方金额									贷方金额								
			千	百	十	万	千	百	十	元	角	分	千	百	十	万	千	百	十	元	角	分
	合计																					

财务主管　　　　　　　　记账　　　　　　　　复核　　　　　　　　制单

表 3-48　转账凭证

年　月　日　　　　　　　　　　　　　　　　　　凭证号数：

摘要	总账科目	明细科目	借方金额										贷方金额									
			千	百	十	万	千	百	十	元	角	分	千	百	十	万	千	百	十	元	角	分
	合计																					

财务主管　　　　　　记账　　　　　　复核　　　　　　制单

表 3-49　转账凭证

年　月　日　　　　　　　　　　　　　　　　　　凭证号数：

摘要	总账科目	明细科目	借方金额										贷方金额									
			千	百	十	万	千	百	十	元	角	分	千	百	十	万	千	百	十	元	角	分
	合计																					

财务主管　　　　　　记账　　　　　　复核　　　　　　制单

表 3-50 转账凭证

年 月 日　　　　　　　　　　　　　　　　　　　凭证号数：

摘要	总账科目	明细科目	借方金额										贷方金额									
			千	百	十	万	千	百	十	元	角	分	千	百	十	万	千	百	十	元	角	分
	合计																					

财务主管　　　　　　　　　记账　　　　　　　复核　　　　　　　　制单

扫码阅读

实训参考答案

第四章

生产费用在完工产品与在产品之间的分配

实训 9　定额成本法

一、实训目的

按照预先制定的定额成本计算月末在产品成本，再计算完工产品成本的方法。通过理解定额成本法的内涵和适用范围，掌握该方法的具体操作程序及其特点。

二、知识链接

（一）生产费用的分配及方法

在产品是指企业已经投入生产，但尚未最后完工不能作为商品销售的产品。在实务中，通常需要在月底对产品进行盘点，以明确完工产品的结转数量、金额和仍需下月继续加工的月末在产品数量、金额。而此时，完工产品和月末在产品之间的费用分配就成了成本计算工作中一个重要而复杂的问题。企业应根据产品具体情况，选择一定的方法，将生产费用在完工产品和在产品之间进行分配，从而计算出完工产品和在产品的成本。

目前，生产费用在完工产品与在产品之间分配的方法主要有以下几种：①不计算在产品成本法，这种方法适用于月末在产品数量少，占用费用金额不大的情况；②在产品成本按年初数固定计算法；③在产品按所耗直接材料费用计价法，这种方法适用于在产品成本项目中，材料费用比重最大，而加工费用的比重较小的情况；④按完工产品计算在产品成本法，是将在产品视同已经完工的产品；⑤定额成本法；⑥定额比例法；⑦约当产量法。本章实训设计主要针对后续三种分配方法展开。

(二) 定额成本法计算原理

该方法通常先根据各种在产品有关定额资料,以及在产品月末结存数量,计算出在产品的定额成本。然后再将生产费用合计减去在产品的定额成本,剩下余额即为完工产品成本。该方法具体计算公式如下:

月末在产品直接材料定额成本＝在产品数量×材料消耗定额×材料计划单价

月末在产品直接人工定额成本＝在产品数量×工时定额×计划小时工资率

月末在产品制造费用定额成本＝在产品数量×工时定额×计划小时费用率

月末在产品燃料动力费用定额成本＝在产品数量×工时定额×
　　　　　　　　　　　　　　　计划小时燃料动力费用率

上述各成本项目月末在产品定额成本之和即为当月月末在产品定额成本。

完工产品总成本＝月初在产品成本＋本月发生费用－月末在产品定额成本

完工产品单位成本＝完工产品总成本÷完工产品产量

(三) 定额成本法计算特点

根据上述计算公式,可以总结该方法的两个显著特点:

① 月末在产品和完工产品成本计算存在先后顺序。月末在产品成本计算先,完工产品成本计算后。

② 每月生产费用脱离定额的差异(节约或超支)都计入当月完工产品成本,月末在产品成本不负担该脱离定额的差异。

定额成本法是指以产品的各项消耗定额为标准计算在产品成本的一种方法。这种方法适用于定额管理基础较好,消耗定额完整、准确、稳定,且月末在产品数量变化不大的情况。

三、实训要求

(1) 根据产品定额、车间产量统计和明细账,按照定额成本法编制"产品成本计算单"。计算中间结果保留四位小数,最终结果保留两位小数。

(2) 根据"产品成本计算单",计算"完工产品成本汇总表"和"完工产品入库单"。

(3) 根据上述表格,编制完工产品入库的记账凭证。

(4) 根据上述记账凭证,登记相关成本费用明细账。

四、实训资料

(一) 计算示意图

如图 4-1 所示。

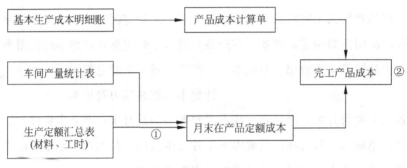

图 4-1 定额成本法示意图

(二) 实训具体资料

本实训以钢构一车间生产资料为例,该车间生产制作 GGY-01、GGY-02 号产品,主要使用原材料为 GYC001、GYC002 和 GYC003。

该产品所需原材料在生产开始时均为一次性投入。此外,月末在产品的加工程度均为 50%。2020 年 5 月,该车间相关定额、产量和成本费用信息如表 4-1 至表 4-5 所示。

表 4-1 钢构一车间材料定额汇总表

2020 年 5 月

产品项目	材料定额(GYC001)		材料定额(GYC002)		材料定额(GYC003)	
	单位产品材料消耗定额(千克)	计划单价(元)	单位产品材料消耗定额(千克)	计划单价(元)	单位产品材料消耗定额(千克)	计划单价(元)
GGY-01	150	4	—	—	120	3
GGY-02	—	—	140	4.5	60	3

表 4-2　钢构一车间工时定额汇总表

2020 年 5 月

产品项目	单位产品定额工时	加工定额		
		每小时定额人工成本(元)	每小时定额费用(元)	每小时定额燃料动力费用(元)
GGY-01	25	25	5	5
GGY-02	30	30	8	10

表 4-3　钢构一车间生产产量统计表

产品项目	已完工	未完工	废品	备注
GGY-01	78	12	0	—
GGY-02	62	8	0	—
合计	140	20	0	—

表 4-4　基本生产成本明细账

产品名称：GGY-01　　　　生产车间：钢构一车间　　　　单位：元

2020 年		摘要	成本项目				合计
月	日		直接材料	直接人工	燃料及动力	制造费用	
5	1	期初余额	8 550	5 720	3 290	1 300	18 860
5	31	材料费用分配表	62 250	—	—	—	62 250
5	31	工资费用分配表	—	52 900	—	—	52 900
5	31	外购动力费用分配表	—	—	20 250	—	20 250
5	31	制造费用分配表	—	—	—	11 500	11 500
5	31	本月生产费用	62 250	52 900	20 250	11 500	120 900
5	31	生产费用合计	70 800	58 620	23 540	12 800	165 760

表 4-5　基本生产成本明细账

产品名称：GGY-02　　　　　　生产车间：钢构一车间　　　　　　单位：元

2020年		摘要	成本项目				合计
月	日		直接材料	直接人工	燃料及动力	制造费用	
5	1	期初余额	10 350	8 820	6 350	5 410	30 930
5	31	材料费用分配表	59 732	—	—	—	59 732
5	31	工资费用分配表	—	53 935	—	—	53 935
5	31	外购动力费用分配表	—	—	33 980	—	33 980
5	31	制造费用分配表	—	—	—	15 730	15 730
5	31	本月生产费用	59 732	53 935	33 980	15 730	163 377
5	31	生产费用合计	70 082	62 755	40 330	21 140	194 307

（1）根据产品定额、车间产量统计和明细账，按照定额成本法编制"产品成本计算单"（表 4-6、表 4-7）。

表 4-6　产品成本计算单

产品名称：GGY-01　　　　　　2020年5月　　　　　　单位：元

项　目	直接材料	直接人工	燃料及动力	制造费用	合计
月初在产品成本					
本月生产费用					
生产费用合计					
月末在产品成本					
完工产品成本					
完工产品单位成本					

表 4-7　产品成本计算单

产品名称：GGY-02　　　　　　2020 年 5 月　　　　　　　　　　　　单位：元

项　　目	直接材料	直接人工	燃料及动力	制造费用	合计
月初在产品成本					
本月生产费用					
生产费用合计					
月末在产品成本					
完工产品成本					
完工产品单位成本					

（2）根据"产品成本计算单"，计算"完工产品成本汇总表"和"完工产品入库单"（表 4-8、表 4-9）。

表 4-8　完工产品成本汇总表

产品名称	成本	成本项目				合计
		直接材料	直接人工	燃料及动力	制造费用	
GGY-01（＿＿件）	总成本					
	单位成本					
GGY-02（＿＿件）	总成本					
	单位成本					

表 4-9　产成品入库单

入库部门：钢构一车间　　　　2020 年 5 月 31 日　　　　　　　　　单位：元

类别	编号	名称及规格	计量单位	实收数量	单位成本	总成本
钢结构	2020001	GGY-01	件			
钢结构	2020002	GGY-02	件			
合计			件			

(3) 根据上述表格,编制相关记账凭证(表 4-10)。

表 4-10 转账凭证

年　月　日　　　　　　　　　　　　　凭证号数：

摘要	总账科目	明细科目	借方金额										贷方金额									
			千	百	十	万	千	百	十	元	角	分	千	百	十	万	千	百	十	元	角	分
合计																						

财务主管　　　　　　　　记账　　　　　　　复核　　　　　　　制单

(4) 根据记账凭证,登记相关成本费用明细账(表 4-11、表 4-12)。

表 4-11 基本生产成本明细账

产品名称:GGY-01　　　　　生产车间:钢构一车间　　　　　　　单位:元

2020年		凭证号数	摘要	成本项目				合计
月	日			直接材料	直接人工	燃料及动力	制造费用	
5	1	—	期初余额					
5	31	—	材料费用分配表					
5	31	—	工资费用分配表					
5	31	—	外购动力费用分配表					
5	31	—	制造费用分配表					
5	31	—	本月生产费用					
5	31	—	生产费用合计					

表 4-12　基本生产成本明细账

产品名称：GGY-02　　　　　　　生产车间：钢构一车间　　　　　　　　　单位：元

2020年		凭证号数	摘要	成本项目				合计
月	日			直接材料	直接人工	燃料及动力	制造费用	
5	1	—	期初余额					
5	31	—	材料费用分配表					
5	31	—	工资费用分配表					
5	31	—	外购动力费用分配表					
5	31	—	制造费用分配表					
5	31	—	本月生产费用					
5	31	—	生产费用合计					

实训 10　定额比例法

一、实训目的

按照定额消耗量或定额成本比例，同时计算分配月末在产品和完工产品成本的方法。通过计算运用，理解定额比例法的内涵和适用范围，特别是定额成本法与定额比例法在使用和适用上的差异，掌握该方法的具体操作程序及其特点。

二、知识链接

定额比例法是指产品的生产费用按照完工产品和月末在产品的定额消耗量或定额费用的比例，分配计算完工产品成本和月末在产品成本的方法。这种方法适用于各项消耗定额健全、准确、稳定，且月末在产品数量变化较大的情况。采用定额比例法分配完工产品与月末在产品费用，不仅分配结果比较正确，同时还便于将实际费用与定额费用相比较，分析和考核定额的执行情况。

（一）定额比例法计算原理

其中，原材料费用按原材料费用定额消耗量或原材料定额费用比例分配；工资和福利费、制造费用等各项加工费用，按定额工时或定额费用比例分配。以原材料定额分配完工产品和月末在产品成本为例，人工、燃料动力和制造费用的计算原理一致。具体计算公式如下[①]。

（1）确定定额成本

月末在产品原材料费用定额＝月末在产品的数量×单位在产品定额原材料费用

本期完工产品原材料费用定额＝本期完工产品数量×单位产品定额原材料费用

（2）计算定额费用分配率

$$原材料费用定额分配率=\frac{月初在产品原材料费用+本期发生原材料费用}{月末在产品原材料费用定额+本期完工产品原材料费用定额}$$

（3）计算月末在产品实际成本

月末在产品原材料费用实际成本＝月末在产品原材料费用定额成本×

原材料费用定额分配率

本期完工产品原材料费用实际成本＝本期完工产品原材料费用定额成本×原材料费用定额分配率

或＝月初在产品原材料费用＋本期发生原材料费用－月末在产品负担原材料费用

（二）定额比例法特点

根据上述计算公式，可以总结该方法的两个显著特点：

① 产品的生产费用按完工产品和月末在产品的定额耗用量或定额成本的比例，分配计算完工产品和月末在产品成本。

② 每月实际生产费用脱离定额的差异，由完工产品和月末在产品共同负担。这克服了定额成本法中将脱离定额差异全部计入完工产品成本，而导致完工产品成本计算不准确的问题。

（三）定额成本法与定额比例法的区别

通过实训 9 和 10 中对两种方法的介绍，可以总结出定额成本法与定额比例法在以下几方面所存在的差异。

① 计算方法不同：定额比例法是分配法，该种产品的全部成本在本月完工产品和月

[①] 以定额原材料费用为分母算出的费用分配率，是原材料的费用分配率；以定额工时为分母算出的费用分配率，是工资、燃料动力、制造费用等各项加工费用的分配率。

末在产品之间按照两者的定额消耗量或定额成本比例分配。而定额成本法是倒挤法,先根据定额数据计算出月末在产品定额成本,继而倒推出完工产品成本的方法,月末在产品和完工产品成本在计算上存在先后顺序。

② 分配方法不同:定额比例法下,实际生产成本与定额之间的差异按定额比例在月末在产品和本月完工产品之间分配。按定额成本计价法下,每月生产成本脱离定额的差异(节约或超支)全部计入了当月完工产品成本中。

③ 应用不同:无论是定额比例法还是定额成本法,其应用前提条件都是定额管理基础较好,消耗定额必须准确和稳定。但定额比例法可应用于月末在产品数量变化较大的情况,而定额成本法则应用于月末在产品数量变化不大的情况。

三、实训要求

(1) 根据产品定额、车间产量统计和明细账,按照定额比例法编制"产品成本计算单"。计算的中间结果保留四位小数,最终结果保留两位小数。

(2) 根据"产品成本计算单",计算"完工产品成本汇总表"和"完工产品入库单"。

(3) 根据上述表格,编制完工产品入库的记账凭证。

(4) 根据记账凭证,登记相关成本费用明细账。

四、实训资料

(一) 计算示意图

如图 4-2 所示。

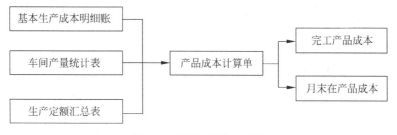

图 4-2 定额比例法示意图

(二) 实训具体资料

本实训以钢构二车间生产资料为例,该车间生产制作 GGE-01 号产品,主要使用原材料为GYC003。由于该车间生产产品和用料单一，在编制定额汇总表不再区分材料与加工工时。

该产品所需原材料在生产开始时均为一次性投入；月末在产品的加工程度均为50%。直接材料按原材料定额消耗量比例分配，加工费用按定额工时分配。2020年5月，该车间相关定额、产量和成本费用信息如表4-13至表4-15所示。

表4-13 钢构二车间生产定额汇总表

2020年5月

产品项目	材料定额（GYC003）		单位产品定额工时	加工定额		
	单位产品材料消耗定额（千克）	计划单价（元）		每小时定额人工成本（元）	每小时定额费用（元）	每小时定额燃料动力费用（元）
GGE-01	160	3	32	25	6	5

表4-14 钢构二车间生产产量统计表

产品项目	已完工	未完工	废品	备注
GGE-01	72	8	0	
合计	72	8	0	

表4-15 基本生产成本明细账

产品名称：GGE-01　　　　生产车间：钢构二车间　　　　单位：元

2020年		摘要	成本项目				合计
月	日		直接材料	直接人工	燃料及动力	制造费用	
5	1	期初余额	15 430	11 210	9 750	6 325	42 715
5	31	材料费用分配表	53 281				53 281
5	31	工资费用分配表		49 330			49 330
5	31	外购动力费用分配表			25 320		25 320
5	31	制造费用分配表				19 890	19 890
5	31	本月生产费用	53 281	49 330	25 320	19 890	147 821
5	31	生产费用合计	68 711	60 540	35 070	26 215	190 536

(1) 根据产品定额、车间产量统计和明细账,按照定额比例法编制"产品成本计算单"(表 4-16)。

表 4-16　产品成本计算单

产品名称:GGE-01　　　　　　2020 年 5 月　　　　　　　　　　　　单位:元

项　目		直接材料	直接人工	燃料及动力	制造费用	合计
月初在产品成本						
本月生产费用						
生产费用合计						
定额消耗量	完工产品					
	在产品					
	合计					
分配率						
完工产品成本						
月末在产品成本						

(2) 根据"产品成本计算单",计算"完工产品成本汇总表"和"完工产品入库单"(表 4-17、表 4-18)。

表 4-17　完工产品成本汇总表

产品名称	成本	成本项目				合计
		直接材料	直接人工	燃料及动力	制造费用	
GGE-01 (＿＿件)	总成本					
	单位成本					

表 4-18　产成品入库单

入库部门:钢构二车间　　　　2020 年 5 月 31 日　　　　　　　　　单位:元

类别	编号	名称及规格	计量单位	实收数量	单位成本	总成本
钢结构	2020003	GGE-01	件			
合计			件			

(3) 根据上述表格,编制相关记账凭证(表 4-19)。

表 4-19　转账凭证

年　月　日　　　　　　　　　　　　　　　　　凭证号数：

摘要	总账科目	明细科目	借方金额									贷方金额								
			千	百	十	万	千	百	十	元	角	分	千	百	十	万	千	百	十	元	角	分
	合计																					

财务主管　　　　　　　　记账　　　　　　　　复核　　　　　　　　制单

(4) 根据记账凭证,登记相关成本费用明细账(表 4-20)。

表 4-20　基本生产成本明细账

产品名称：GGE-01　　　　　　生产车间：钢构二车间　　　　　　单位：元

2020 年		凭证号数	摘要	成本项目				合计
月	日			直接材料	直接人工	燃料及动力	制造费用	

实训 11　约当产量法

一、实训目的

作为在产品、产成品成本分配的主要方法,理解约当产量法的内涵,能够灵活运用约当产量法,掌握方法的具体操作程序和特点。

二、知识链接

约当产量法是指月末首先要将在产品数量按完工程度折合为完工产品产量,称为在产品约当产量,然后按照完工产品数量和月末在产品约当产量的比例,分配生产费用,进而计算完工产品和月末在产品成本的方法。这种方法一般适用于月末在产品数量较多、占用得费用金额较大、各月末在产品的数量变化较大、各成本项目的金额比例差别不大的情况。它在工业企业的成本核算中应用很广泛。

(一) 约当产量的确定

由于产品工艺的不同,在产品在生产加工过程中,其加工程度和投料情况也会存在很大差异。因此,约当产量法计算的前提就是如何分成本项目计算在产品的约当产量。要正确计算在产品的约当产量,首先必须确定投料程度和完工程度。

(1) 在产品投料程度的计算

产品生产过程中的投料程度可以决定直接材料费用项目约当产量的确定。在产品投料程度是指在产品已投材料占完工产品应投材料的百分比数。生产过程中通常会有以下三种材料投入的形式,分别为:在生产开始时一次投入、在生产过程中陆续投入、在生产过程中分阶段批量投入。因此,投入形式不同,在产品投料程度也会不同。

① 原材料在生产开始时一次投入。由于在产品和完工产品所耗材料数量及费用相同,因此不论在产品完工程度如何,其单位在产品耗用的原材料与单位完工产品耗用的材料一样。此时,原材料在完工产品和在产品之间按数量比例进行分配,即在产品的投料程度为 100%。

② 原材料随生产过程陆续投入。材料的投料程度与生产工时的投入进度基本一致。在产品投料程度的计算方法与完工程度的计算方法相同。此时,分配直接材料费用的在

产品约当产量按完工程度折算。

③ 原材料为随生产过程陆续投入,且每道工序一次投入。这说明材料的投料程度与生产工时的投入进度不一致,应单独计算在产品的投料程度,以此来计算在产品的约当产量。计算公式如下:

$$某工序投料程度 = \frac{到本工序为止单位产品累计材料消耗定额}{单位产品材料消耗定额} \times 100\%$$

(2) 在产品完工程度的计算

对于直接材料以外的其他成本项目,通常按完工程度计算约当产量。

① 不分工序或者企业生产进度比较均衡,各道工序在产品数量相差不大的情况下,全部在产品完工程度均按 50% 平均计算。

② 分工序且需按工序分别测定的情况下,需单独计算各工序在产品完工程度。计算公式如下:

$$某工序在产品完工程度 = \frac{前面各工序工时定额之和 + 本工序工时定额 \times 50\%}{单位产品工时定额} \times 100\%$$

(二) 约当产量法计算原理

(1) 计算月末在产品约当产量

月末在产品约当产量法 = 月末在产品数量 × 投料程度(完工程度)

(2) 计算费用分配率

通过两个不同的约当产量,按产品完工程度和投料程度折算的在产品约当产量,分别计算材料费用分配率和加工费用分配率,将材料费用和加工费用在完工产品和在产品之间进行分配。具体公式如下:

$$费用分配率 = \frac{月初在产在产品 + 本期生产费用}{完工产品产量 + 月末在产品约当产量}$$

(3) 计算完工产品、月末在产品成本

月末在产品成本 = 月末在产品约当产量 × 费用分配率

完工产品成本 = 完工产品产量 × 费用分配率

(三) 其他注意事项

采用约当产量法的前提和关键是确定折算比率,即需首先确定在产品的投料程度和完工程度。在计算完工率时,要注意实际生产中在产品耗用的原材料和加工费用(直接工资、制造费用等)的情况是不一样的,所以必须分开讨论加工费用的完工率和原材料的完工率。

精确的完工程度确定需要参考很多因素,如生产进度、工序等因素。当企业生产进度比较均衡,各道工序在产品加工数量相差很大时,全部在产品加工程度都可以按 50%

平均计算,这也是为了简化操作流程。否则,各道工序在产品的加工程度应根据实际情况按工序分别测定。而在分别工序测定在产品加工程度时,应根据它所经各工序的累计工时定额与完工产品工时定额的比例进行测算的。相对来说,其工作量较大。

三、实训要求

(1) 根据车间产品定额信息,编制"产品投料程度计算表"和"产品加工程度计算表"。
(2) 根据"产量统计表"和"基本生产成本明细账",按照约当产量法编制"约当产量计算表"和"产品成本计算单"。计算中间结果保留四位小数,最终结果保留两位小数。
(3) 根据"产品成本计算单",计算"完工产品成本汇总表"和"完工产品入库单"。
(4) 根据上述表格,编制完工产品入库的记账凭证。
(5) 根据上述记账凭证,登记相关成本费用明细账。

四、实训资料

(一) 计算示意图

如图 4-3 所示。

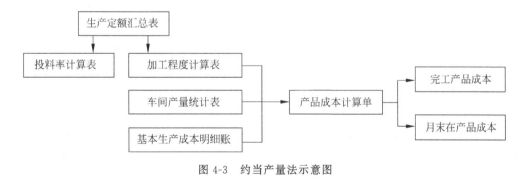

图 4-3 约当产量法示意图

(二) 实训具体资料

本实训以加工车间生产资料为例,该车间生产制作 JG-01、JG-02 和 JG-03 三种产品,主要使用原材料为 JYC001 和 JYC002。其中,JG-01、JG-02 仅使用 JYC001 型原材料,JG-03 使用 JYC001、JYC002 两种型号原材料。

假设该车间产品生产需经过三道工序,JG-01 和 JG-02 产品的原材料均在每道工序开始时投入。考虑到 JG-03 是加工车间唯一需要使用两种材料的产品类型,需要对其材料使用情况进行说明：JYC002 仅在第 1 道工序开始时一次性投入，单位产品材料定额为 4 千克；JYC001 分 3 道工序陆续投入，且第 1 道工序消耗定额为 2 千克。在产品在各道工序的加工程度均为 50%。2020 年 5 月，该车间相关定额、产量和成本费用信息如表 4-21、表 4-22 所示。

表 4-21　加工车间材料定额汇总表
2020 年 5 月

产品项目	第 1 道工序	第 2 道工序	第 3 道工序	单位产品材料定额（千克）	JYC001 计划单价	JYC002 计划单价
JG-01	7	4	4	15	5	—
JG-02	5	3	2	10	5	—
JG-03	6	4	2	12	5	3.5

表 4-22　加工车间工时定额汇总表
2020 年 5 月

产品项目	第 1 道工序	第 2 道工序	第 3 道工序	单位产品工时定额（小时）	加工定额费用（元）			
					每小时定额人工成本	每小时定额费用	每小时定额燃料动力费用	合计
JG-01	4	1	1	6	15	5	4	24
JG-02	3	2	1	6	20	6	4	30
JG-03	3	1	1	5	12	4	3	19

（1）根据车间产品定额信息，编制"产品投料程度计算表"和"产品加工程度计算表"（表 4-23 至表 4-28）。

表 4-23　JG-01 产品投料率计算表

工序	各工序材料定额	各工序投料程度
1		
2		
3		
合计		

表 4-24　JG-02 产品投料率计算表

工序	各工序材料定额	各工序投料程度
1		
2		
3		
合计		

表 4-25　JG-03 产品投料率计算表

工序	各工序材料定额	各工序投料程度
1		
2		
3		
合计		

表 4-26　JG-01 产品加工程度计算表

工序	各工序工时定额	各工序加工程度
1		
2		
3		
合计		

表 4-27　JG-02 产品加工程度计算表

工序	各工序工时定额	各工序加工程度
1		
2		
3		
合计		

表 4-28 JG-03 产品加工程度计算表

工序	各工序工时定额	各工序加工程度
1		
2		
3		
合计		

(2) 根据"产量统计表"和"基本生产成本明细账"(表 4-29 至表 4-32),按照约当产量法编制"约当产量计算表"和"产品成本计算单"(表 4-33 至表 4-36)。

表 4-29 加工车间生产产量统计表

产品项目	在产品			完工产品	废品
	第1道工序	第2道工序	第3道工序		
JG-01	15	12	8	125	0
JG-02	8	12	13	100	0
JG-03	20	10	8	185	0
合计	43	34	29	410	0

表 4-30 基本生产成本明细账

产品名称:JG-01　　　　　　生产车间:加工车间　　　　　　单位:元

2020年		凭证号数	摘要	成本项目				合计
月	日			直接材料	直接人工	燃料及动力	制造费用	
5	1	—	期初余额	4 550	3 520	2 290	1 310	11 670
5	31	—	材料费用分配表	30 445				30 445
5	31	—	工资费用分配表		18 100			18 100
5	31	—	外购动力费用分配表			10 240		10 240
5	31	—	制造费用分配表				6 652	6 652
5	31	—	本月生产费用	30 445	18 100	10 240	6 652	65 437
5	31	—	生产费用合计	34 995	21 620	12 530	7 962	77 107

表 4-31　基本生产成本明细账

产品名称：JG-02　　　　　生产车间：加工车间　　　　　单位：元

2020年		凭证号数	摘要	成本项目				合计
月	日			直接材料	直接人工	燃料及动力	制造费用	
5	1	—	期初余额	3 450	2 320	1 290	510	7 570
5	31	—	材料费用分配表	25 985				25 985
5	31	—	工资费用分配表		15 450			15 450
5	31	—	外购动力费用分配表			10 755		10 755
5	31	—	制造费用分配表				7 325	7 325
5	31	—	本月生产费用	25 985	15 450	10 755	7 325	59 515
5	31	—	生产费用合计	29 435	17 770	12 045	7 835	67 085

表 4-32　基本生产成本明细账

产品名称：JG-03　　　　　生产车间：加工车间　　　　　单位：元

2020年		凭证号数	摘要	成本项目				合计
月	日			直接材料	直接人工	燃料及动力	制造费用	
5	1	—	期初余额	7 850	4 585	3 292	1 420	17 117
5	31	—	材料费用分配表	18 650				18 650
5	31	—	工资费用分配表		12 140			12 140
5	31	—	外购动力费用分配表			8 640		8 640
5	31	—	制造费用分配表				6 860	6 860
5	31	—	本月生产费用	18 650	12 140	8 640	6 860	46 290
5	31	—	生产费用合计	26 500	16 725	11 902	8 280	63 407

表 4-33　约当产量计算表[①]

产品项目	第1道工序		第2道工序		第3道工序		合计
	在产品数量	约当产量	在产品数量	约当产量	在产品数量	约当产量	
JG-01							
JG-02							
JG-03							
合计							

表 4-34　产品成本计算单

产品名称：JG-01　　　　　　　　2020 年 5 月

项目		直接材料	直接人工	燃料及动力	制造费用	合计
月初在产品成本						
本月生产费用						
生产费用合计						
约当产量	完工产品					
	月末在产品					
	小计					
分配率（单位成本）						
完工产品成本						
月末在产品成本						

[①] 该表需要按照投料程度和加工程度分别计算约当产量。

表 4-35　产品成本计算单

产品名称：JG-02　　　　　　　　2020 年 5 月

项目		直接材料	直接人工	燃料及动力	制造费用	合计
月初在产品成本						
本月生产费用						
生产费用合计						
约当产量	完工产品产量					
	在产品约当产量					
	合计					
分配率（单位成本）						
完工产品成本						
月末在产品成本						

表 4-36　产品成本计算单

产品名称：JG-03　　　　　　　　2020 年 5 月

项目		直接材料	直接人工	燃料及动力	制造费用	合计
月初在产品成本						
本月生产费用						
生产费用合计						
约当产量	完工产品产量					
	在产品约当产量					
	合计					
分配率（单位成本）						
完工产品成本						
月末在产品成本						

（3）根据"产品成本计算单"，计算"完工产品成本汇总表"和"完工产品入库单"（见表 4-37、表 4-38）。

表 4-37 完工产品成本汇总表

产品名称	成本	成本项目				合计
		直接材料	直接人工	燃料及动力	制造费用	
JG-01	总成本					
(___件)	单位成本					
JG-02	总成本					
(___件)	单位成本					
JG-03	总成本					
(___件)	单位成本					

表 4-38 产成品入库单

入库部门：加工车间　　　　2020 年 5 月 31 日　　　　单位：元

类别	编号	名称及规格	计量单位	实收数量	单位成本	总成本
结构件	2020004	JG-01	件			
结构件	2020005	JG-02	件			
结构件	2020006	JG-03	件			
合计			—	—	—	

（4）根据上述表格，编制完工产品入库的记账凭证（表 4-39）。

表 4-39 转账凭证

年　月　日　　　　　　　　　　　　　　　凭证号数：

摘要	总账科目	明细科目	借方金额										贷方金额									
			千	百	十	万	千	百	十	元	角	分	千	百	十	万	千	百	十	元	角	分
合计																						

财务主管　　　　　　　记账　　　　　　　复核　　　　　　　制单

(5) 根据上述记账凭证,登记相关成本费用明细账(表 4-40 至表 4-42)。

表 4-40　基本生产成本明细账

产品名称:JG-01　　　　生产车间:钢构二车间　　　　单位:元

2020 年		凭证号数	摘要	成本项目				合计
月	日			直接材料	直接人工	燃料及动力	制造费用	

表 4-41　基本生产成本明细账

产品名称:JG-02　　　　生产车间:钢构二车间　　　　单位:元

2020 年		凭证号数	摘要	成本项目				合计
月	日			直接材料	直接人工	燃料及动力	制造费用	

表 4-42　基本生产成本明细账

产品名称：JG-03　　　　　生产车间：钢构二车间　　　　　单位：元

2020 年		凭证号数	摘要	成本项目				合计
月	日			直接材料	直接人工	燃料及动力	制造费用	

扫码阅读

实训参考答案

第五章

产品成本计算的基本方法

实训 12 品 种 法

一、实训目的

通过对品种法适用范围和不同运用的了解,掌握品种法的成本计算程序和特点,重点掌握典型品种法的工作原理。

二、知识链接

产品成本计算品种法简称为"品种法"。该方法是以产品品种为成本计算对象,归集生产费用,计算产品成本的方法。品种法是最基本的成本计算方法。一些成本计算的辅助方法,如分类法等方法,实际上都是在品种法基础上的变通运用。

(一)品种法的适用范围

品种法适用于大量大批单步骤生产类型的企业。这类行业或企业的生产通常具有产品品种单一、封闭式生产、月末一般没有或只有少量在产品存在的特点。此外,这些企业也没有必要或不可能通过划分生产步骤来计算产品成本。当期发生的生产费用总和就是该种完工产品的总成本,用总成本除以产量,就可以计算出产品的单位成本。因此,只能以产品品种作为成本计算对象,如发电、供水、采掘、玻璃制品、水泥和原煤原油的开采等。

品种法还适用于生产规模小,或按流水线组织生产,管理上不要求按照生产步骤计算产品成本的大量大批多步骤生产类型的企业或车间,如砖瓦人、造纸厂和小型水泥厂等。

此外,考虑到企业内部辅助生产车间提供劳务和产品类型通常较为单一或量小等特点,这类辅助生产车间也主要采用品种法,如辅助生产的供水、供气、供电等。

(二) 品种法的特点

(1) 以产品品种作为成本计算对象

根据产品品种设置产品成本明细账归集生产费用和计算产品成本。如果企业只生产一种产品,成本计算对象就是该种产品;且生产中所发生的生产费用均为直接费用。如果企业生产的产品不止一种,就需要以每一种产品作为成本计算对象,分别设置产品成本明细账和产品成本计算单;且需要对生产中发生的生产费用进行区分,哪些是直接费用、哪些是间接费用。凡能分清应由某种产品负担的直接费用,应直接计入该种产品的成本计算单中;对于几种产品共同耗用的间接费用,应采用适当的分配方法,在各种产品之间直接进行分配。

(2) 按月定期计算产品成本

从生产组织方式上看,由于大多是大量大批生产,且连续不断地重复着某种或集中产品的生产,经常有很多完工产品。因此,无法按照产品的生产周期来归集生产费用,计算产品成本,而只能定期按月计算产品成本。简言之,产品成本是定期按月计算的,与报告期一致,与产品生产周期不一致。

(3) 区分情况确认是否涉及完工产品和在产品的分配

大量大批简单生产的情况下,因没有在产品,或在产品数量很少,则不需要在完工产品和在产品之间进行分配。此外,在产品占生产费用数额不大的情况,全部生产费用也都由完工产品负担,不需要计算在产品成本。

大量大批复杂生产的情况下,因有在产品,而且数量较多,占用费用较大,应采用适当的分配方法计算在产品成本。

(三) 品种法成本计算程序

品种法的成本计算程序可以分为简单品种法和典型品种法两种类型。其中,简单品种法主要应用于大量大批单步骤生产类型企业。其成本计算程序相对简化,主要体现在成本计算对象品种单一,费用的发生较为直接,无须分配,只要按费用项目直接归集。

典型品种法主要应用于管理上不要求按照生产步骤计算成本的多步骤生产企业。这类企业生产费用既有可直接计入的直接费用,也有需分配计入的间接费用,因此成本计算程序相对复杂,具体如下。

(1) 按产品品种设置基本生产成本明细账及产品成本计算单。

(2) 根据领料单、考勤簿、产量记录等有关资料分配要素费用,填写要素费用分配表,并登记"基本生产成本明细账""辅助生产成本明细账""制造费用明细账"以及"管理费用"明细账等。

(3) 分配辅助生产费用,并填写"辅助生产成本分配表"。

(4) 分配基本车间制造费用,并填写"制造费用分配表"。

(5) 确定当月全部生产费用,计算完工产品总成本与单位成本,并登记"基本生产成本明细账"。

三、实训要求

(1) 根据要素费用分配表等相关资料,编制"制造费用明细账",并用工人工时比例分配法分配制造费用。①

(2) 完成典型品种法下不同产品的成本归集和分配,编制"基本生产成本明细账"。

(3) 编制相关记账凭证,包含成本结转和入库。②

四、实训资料

(一) 归集分配示意图

如图 5-1 所示。

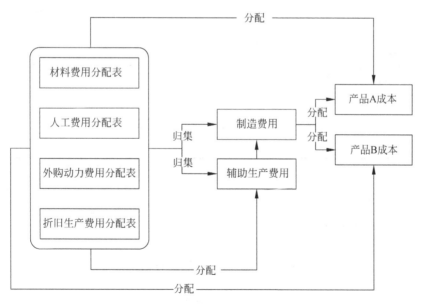

图 5-1　产品成本计算程序图

---

① 实训中成本核算程序的顺序做了简化处理:要素分配完后,简化分配"辅助生产成本"和"制造费用",再在"基本生产明细账"中体现。

② 会计账务处理程序中,应先填制记账凭证,后录入相关账簿。因实训设计,故做相应调整。后续实训同。

(二)实训具体资料

本实训以钢构一车间为例,生产 GGY-01、GGY-02 两种产品,公司还设有修理和运输两个辅助生产车间。

根据生产特点和成本管理的要求,车间采用品种法计算 GGY-01、GGY-02 两种产品的产品成本,开设"基本生产成本明细账",并设置"直接材料""直接人工"和"燃料和动力""制造费用"四个成本项目。

GGY-01、GGY-02 产品所需原材料系开工时一次投入,钢构一车间生产工人工资、燃料和动力、制造费用均按生产工时比例分配。对辅助生产车间不单独核算制造费用,归集的辅助生产费用采用直接分配法进行分配。月末,GGY-01、GGY-02 产品采用约当产量法计算月末在产品成本。

该企业 2020 年 5 月份有关产品产量及成本资料如表 5-1 至表 5-8 所示。

表 5-1 产品产量汇总表

车间:钢构一车间　　　　　　　　　　　　　　　　　　　　　　　　　单位:件

项目	GGY-01 产品	GGY-02 产品
期初在产品	100	80
本月投产	800	320
本月完工	700	340
月末在产品	200	60

注:GGY-01、GGY-02 产品月末在产品完工程度均为 50%。

表 5-2 月初在产品成本汇总表

车间:钢构一车间　　　　　　　　　　　　　　　　　　　　　　　　金额单位:元

产品品种	直接材料	直接工资	燃料和动力	制造费用	合计
GGY-01 产品	50 000	5 000	16 000	9 000	80 000
GGY-02 产品	64 000	6 000	59 200	10 800	140 000

表 5-3 钢构一车间工时记录

　　　　　　　　　　　　　　　　　　　　　　　　　　　　　　　　　单位:小时

产品名称	生产工时	备注
GGY-01 产品	28 000	
GGY-02 产品	12 000	
合计	40 000	

表 5-4 材料费用分配表

2020 年 5 月 31 日　　　　　　　　　　　　　　　　　　　　　　　　单位：元

会计科目		成本费用项目	直接耗用材料	分配率			合计
				定额耗用量	分配率	分配费用	
基本生产成本	加工车间	JG-01	原材料	—	—	—	—	—
		JG-02	原材料	—	—	—	—	—
		JG-03	原材料	—	—	—	—	—
		小计						
	钢构一车间	GGY-01	原材料	360 000	—	—	—	360 000
		GGY-02	原材料	640 000	—	—	—	640 000
		小计						
	钢构二车间	GGE-01	原材料	—	—	—	—	—
		小计						
辅助生产成本		维修车间	60 000	—	—	—	60 000
		运输车间	80 000	—	—	—	80 000
		小计	140 000	—	—	—	140 000
制造费用		钢构一车间	低值易耗品	20 000	—	—	—	20 000
		小计		20 000	—	—	—	20 000
管理费用		管理部门	低值易耗品	—	—	—	—	—
		小计		—	—	—	—	—
销售费用		销售部门	低值易耗品	—	—	—	—	—
		小计		—	—	—	—	—
合计				—	—	—	—	—

表 5-5 工资费用分配表

2020 年 5 月 31 日　　　　　　　　　　　　　　　　　　　　单位：元

会计科目			基本生产车间			维修车间	运输车间	管理/销售部门	合计
总账	二级账	明细账	生产工时	分配率	分配额				
基本生产成本	加工车间	JG-001	—	—	—	—	—	—	—
		JG-002	—	—	—	—	—	—	—
		JG-003	—	—	—	—	—	—	—
	钢构一车间	GGY-01	400	60	24 000	—	—	—	24 000
		GGY-02	600	60	36 000	—	—	—	36 000
	钢构二车间	GGE-01	—	—	—	—	—	—	—
	装配车间	ZP-01	—	—	—	—	—	—	—
		ZP-02	—	—	—	—	—	—	—
		ZP-03	—	—	—	—	—	—	—
	小计		—	—	—	—	—	—	—
制造费用	加工车间		100	50	5 000	—	—	—	5 000
	钢构一车间		200	60	12 000	—	—	—	12 000
	钢构二车间		300	80	24 000	—	—	—	24 000
	装配车间		400	60	24 000	—	—	—	24 000
	小计		1 000		65 000	—	—	—	65 000
辅助生产成本	维修车间		—	—	—	120 000	—	—	120 000
	运输车间		—	—	—	—	250 000	—	250 000
	小计		—	—	—	120 000	250 000	—	370 000
管理费用	管理部门		—	—	—	—	—	—	—
销售费用	销售部门		—	—	—	—	—	—	—
合计			—		—	—	—	—	—

表 5-6　外购动力费用分配表

2020 年 5 月 31 日　　　　　　　　　　　　　　　　　　　　　　　　单位：元

会计科目			动力用电				照明用电			
总账	二级账	明细账	用电度数	工时	分配率	分配金额	用电度数	工时	分配率	分配金额
基本生产成本	加工车间	JG-01	—	—	—	—	—	—	—	—
		JG-02	—	—	—	—	—	—	—	—
		JG-03	—	—	—	—	—	—	—	—
		小计	—	—	—	—	—	—	—	—
	钢构一车间	GGY-01	100 000	—	1	100 000	40 000	—	1.5	60 000
		GGY-02	300 000	—	1	300 000	120 000	—	1.5	180 000
		小计	400 000	—	1	400 000	160 000	—	1.5	240 000
	钢构二车间	GGE-01	—	—	—	—	—	—	—	—
		小计	—	—	—	—	—	—	—	—
	装配车间	ZP-01	—	—	—	—	—	—	—	—
		ZP-02	—	—	—	—	—	—	—	—
		ZP-03	—	—	—	—	—	—	—	—
		小计	—	—	—	—	—	—	—	—
辅助生产成本	维修车间		50 000	—	1	50 000	20 000	—	1.5	30 000
	运输车间		100 000	—	1	100 000	40 000	—	1.5	60 000
	小计		150 000	—	1	150 000	60 000	—	1.5	90 000
制造费用	加工车间		70 000	—	1	70 000	22 000	—	1.5	33 000
	钢构一车间		125 000	—	1	125 000	46 000	—	1.5	69 000
	钢构二车间		56 000	—	1	56 000	18 000	—	1.5	27 000
	装配车间		109 000	—	1	109 000	58 000	—	1.5	87 000
	小计		360 000	—	1	360 000	144 000	—	1.5	216 000
管理费用	行政管理部门		—	—	—	—	—	—	—	—
销售费用	销售部门		—	—	—	—	—	—	—	—
合计			—	—	—	—	—	—	—	—

表 5-7 固定资产折旧计算表

2020 年 5 月 31 日　　　　　　　　　　　　　　　　　　　　　单位：元

应借科目	部门	上月折旧额	上月增加固定资产增加折旧额	上月减少固定资产减少折旧额	本月折旧额
制造费用	加工车间	38 000	3 000	1 000	40 000
制造费用	钢构一车间	56 000	5 000	1 000	60 000
制造费用	钢构二车间	47 000	5 000	2 000	50 000
制造费用	装配车间	46 000	5 000	1 000	50 000
制造费用	小计	187 000	18 000	5 000	200 000
辅助生产成本	维修车间	38 000	3 000	1 000	40 000
辅助生产成本	运输车间	56 000	5 000	1 000	60 000
辅助生产成本	小计	94 000	8 000	2 000	100 000
管理费用	管理部门	—	—	—	—
销售费用	销售部门	—	—	—	—
合计		—	—	—	—

表 5-8 辅助生产费用分配表

2020 年 5 月 31 日　　　　　　　　　　　　　　　　　　　　　单位：元

项目		直接分配		
劳务供应车间		修理车间	运输车间	合计
待分配劳务费用		270 000	420 000	690 000
应分配劳务数量		50 000	7 000	—
分配率（单位成本）		5.4	60	—
受益单位及数额	JG-01 数量	5 000	2 000	—
受益单位及数额	JG-01 金额	27 000	120 000	147 000
受益单位及数额	钢构一车间 数量	5 000	1 000	—
受益单位及数额	钢构一车间 金额	27 000	60 000	87 000

续表

项目			直接分配		
劳务供应车间			修理车间	运输车间	合计
受益单位及数额	钢构二车间	数量	10 000	1 500	—
		金额	54 000	90 000	144 000
	加工车间	数量	20 000	500	—
		金额	108 000	30 000	138 000
	装配车间	数量	5 000	1 000	—
		金额	27 000	60 000	87 000
	管理部门	数量	2 000	400	—
		金额	10 800	24 000	34 800
	销售部门	数量	3 000	600	—
		金额	16 200	36 000	52 200
金额合计			270 000	420 000	690 000

（1）根据要素费用分配表等相关资料，编制"制造费用明细账"，并按生产工时比例分配法分配制造费用（表5-9、表5-10）。

表 5-9　制造费用明细账

生产车间：钢构一车间　　　　　　　　　　　　　　　　　　　　　　　　单位：元

2020 年		凭证号数	摘要	成本项目					合计	转出
月	日			原材料	职工薪酬	水电费	折旧费	修理/运输费		
5	31		材料费用分配表							
5	31		工资费用分配表							
5	31		外购动力费用分配表							
5	31		固定资产折旧计算表							
5	31		辅助生产费用分配表							
5	31		制造费用分配表							
5	31		合计							

表 5-10　制造费用分配表

车间名称：钢构一车间　　　　　　　　2020 年 5 月　　　　　　　　单位：元

应借科目		生产工时（实际工时）	分配金额
基本生产成本	GGY-01 产品		
	GGY-02 产品		
合计			

（2）完成典型品种法下不同产品的成本归集和分配，编制"基本生产成本明细账"（表 5-11、表 5-12）。

表 5-11　基本生产成本明细账[①]

产品名称：GGY-01　　　　　生产车间：钢构一车间　　　　　　单位：元

2020 年		凭证号数	摘要	成本项目				合计
月	日			直接材料	直接人工	燃料及动力	制造费用	
4	30		期初余额					
5	31		材料费用分配表					
5	31		工资费用分配表					
5	31		外购动力费用分配表					
5	31		制造费用分配表					
	31		本月生产费用					
	31		生产费用合计					
	31		约当产量	月末在产品				
				完工产品				
				合计				
			分配率（单位成本）					
			月末在产品成本					
			完工成品成本					

① "生产成本明细账"与"产品成本计算单"内容相似，本实训为了减少产品成本计算与明细账……化处理，将表格合并，本章后续实训同。但在实务过程中，注意区分，具体参见实训 11。

表 5-12　基本生产成本明细账

产品名称：GGY-02　　　　　生产车间：钢构一车间　　　　　单位：元

2020年		凭证号数	摘要		成本项目				合计
月	日				直接材料	直接人工	燃料及动力	制造费用	
4	30		期初余额						
5	31		材料费用分配表						
5	31		工资费用分配表						
5	31		外购动力费用分配表						
5	31		制造费用分配表						
5	31		本月生产费用						
5	31		生产费用合计						
5	31		约当产量	月末在产品					
5	31			完工产品					
5	31			合计					
5	31		分配率（单位成本）						
5	31		月末在产品成本						
5	31		完工成品成本						

（3）编制相关记账凭证，包含成本结转和入库（表 5-13 至表 5-15）。

表 5-13　转账凭证

年　　月　　日　　　　　　　　　　　　　　　　凭证号数：

摘要	总账科目	明细科目	借方金额									贷方金额								
			千	百	十	万	千	百	十	元	角	分	千	百	十	万	千	百	十	元	角	分
	合计																					

财务主管　　　　　　　　　记账　　　　　　　　　复核　　　　　　　　　制单

表 5-14　转账凭证

年　月　日　　　　　　　　　　　　　　　　　　　凭证号数：

摘要	总账科目	明细科目	借方金额										贷方金额									
			千	百	十	万	千	百	十	元	角	分	千	百	十	万	千	百	十	元	角	分
	合计																					

财务主管　　　　　　　　记账　　　　　　　　复核　　　　　　　　制单

表 5-15　转账凭证

年　月　日　　　　　　　　　　　　　　　　　　　凭证号数：

摘要	总账科目	明细科目	借方金额										贷方金额									
			千	百	十	万	千	百	十	元	角	分	千	百	十	万	千	百	十	元	角	分
	合计																					

财务主管　　　　　　　　记账　　　　　　　　复核　　　　　　　　制单

实训 13　分　批　法

一、实训目的

通过对分批法适用范围和内涵的了解，掌握典型分批法工作原理和特点，特别是分配法成本计算对象的确定。

二、知识链接

分批法也称订单法,是以产品的批别或订单作为成本计算对象,来归集生产费用,计算产品成本的一种方法。

(一)分批法的适用范围

分批法一般适用于单件小批生产类型的企业,具体有以下几种企业类型。

(1)根据客户的要求生产特殊规格、规定数量的产品的企业。如船舶、重型机器的生产制造,这属于客户委托加工的单件大型产品;此外,还有特种仪器或专用设备等,这也同样属于受托生产的产品。

(2)产品种类经常变动的小规模企业,这是由于他们往往需要根据市场变化不断调整生产品种和数量。如小五金商品和服装生产等企业,因此一般不可能大批量生产。

(3)承担新产品试剂开发、承揽工业性修理业务和辅助生产的工具模具制造等企业或部门,也宜采用分批法计算试制产品的成本。

(二)分配法的特点

(1)以产品批别或订单作为成本计算对象

企业生产计划部门负责组织产品的批别或订单,并依据用户订单签发"生产任务通知单"。在具体实务过程中,某批产品直接费用应根据原始凭证或费用分配表,直接计入该批产品的有关成本项目中;对于不能按批别划分的间接费用,则应按费用发生的地点先加以归集,在期末采用"当月分配法"或"累计分配法"再各受益对象间进行分配。

(2)按生产周期计算产品成本

单件生产的企业,月末不需要进行完工产品与在产品成本的分配;而对于小批生产的企业,若批内产品都能同时完工,月末一般也不需要进行完工产品与在产品成本的分配。也就是说,只有在该批次或订单产品全部完工时,才能其实际成本。因此,分批法的产品成本计算是不定期的,成本计算期与某批次或订单产品的生产周期一致。

(3)费用在完工产品与在产品之间的分配

月末在产品成本的计算通常不需要在完工产品与月末在产品之间分配生产费用,但考虑到技术进步带来的产能提升和商业需求,出现了更多大批生产的趋势。因此,若批内产品跨月陆续完工,则月末部分产品已完工,部分尚未完工,需要进行完工产品与在产品成本的分配,采用一定的分配方法,如约当产量法等。

(三)分批法成本计算程序

分批法的成本计算程序与品种法类似,主要在成本计算对象上存在差异,具体如下。

（1）按产品品种设置基本生产成本明细账及产品成本计算单；

（2）根据领料单、考勤簿、产量记录等有关资料分配要素费用，填写要素费用分配表，并登记"分批生产成本明细账""辅助生产成本明细账""制造费用明细账"等；

（3）在各批别或订单、制造费用及其他受益对象间分配辅助生产车间费用，并填写"辅助生产成本分配表"；

（4）按照批别或订单完成情况，采用"当月分配法"或"累计分配法"分配基本车间制造费用，并填写"制造费用分配表"；

（5）月末汇总各批完工产品成本及批内陆续完工产品成本，确定当月全部生产费用，计算完工产品总成本与单位成本并登记"基本生产成本明细账"。

三、实训要求

（1）完成分批法下各种不同批次产品的成本归集和分配，编制"基本生产成本明细账"。

（2）根据"基本生产成本明细账"，编制记账凭证。

四、实训资料

（一）归集分配示意图

如图 5-2 所示。

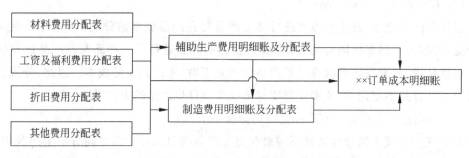

图 5-2　分批法成本计算程序

（二）实训具体资料

本实训以装配车间为例。该公司根据购买客户单位的要求，小批生产装配 ZP-01、ZP-02、ZP-03 三种产品，并采用分批法计算产品成本。

2020年5月,本月共有3个批次的产品生产,分别是生产ZP-01的710批次、生产ZP-02的711批次、生产ZP-03的612批次。各批次生产情况如下。

① 710批号ZP-01产品本月完工数量较大,采用约当产量法确认期末在产品成本。该批产品所需原材料在生产开始时一次投入,在产品完工程度为50%。

② 711批号ZP-02产品本月全部未完工,本月生产费用全部是在产品成本。

③ 612批号ZP-03产品本月完工数量少,为简化核算,完工产品按计划成本结转。每台产品单位计划成本:原材料320元,直接人工210元,制造费用245元。

装配车间生产相关的费用支出和产量统计如表5-16至表5-18所示。

表5-16 产品产量汇总表

车间:装配车间　　　　　　　　　　　　　　　　　　　　　　　　　单位:件

产品批号	产品名称	投产情况	本月完工数量	月末在产品
710	ZP-01产品	5月5日投产24件	16件	8件
711	ZP-02产品	5月10日投产20件	—	20件
612	ZP-03产品	4月20日投产32件	8件	24件

表5-17 月初在产品成本汇总表

车间:装配车间　　　　　　　　　　　　　　　　　　　　　　　　　单位:元

产品批号	产品名称	成本项目			合计
		直接材料	直接人工	制造费用	
612	ZP-03产品	5 920	2 640	2 880	11 440

表5-18 产品生产成本汇总表[①]

车间:装配车间　　　　　　　　　　　　　　　　　　　　　　　　　单位:元

批号	产品名称	直接材料	直接人工	制造费用	合计
710	ZP-01产品	9 024	5 520	6 200	20 744
711	ZP-02产品	7 960	6 280	5 380	19 620
612	ZP-03产品	4 400	4 280	5 000	13 680

---

① 此处做了简化处理,不单独罗列"材料费用分配表""工资费用分配表""制造费用分配表"。实训14、实训15同。

（1）完成分批法下各种不同批次产品的成本归集和分配,编制基本生产成本明细账(表 5-19 至表 5-21)。

表 5-19　基本生产成本明细账

产品批号：710　　　　　　　　　　批量：24 件　　　　　　　　　　投产日期：5 月
产品名称：ZP-01 产品　　　　　　　完工：16 件　　　　　　　　　　完工日期：

2020 年		凭证号数	摘要		成本项目			合计
月	日				直接材料	直接人工	制造费用	
4	30		期初余额					
5	31		本月生产费用					
5	31		生产费用合计					
5	31		约当产量	月末在产品				
5	31			完工产品				
5	31			合计				
5	31		分配率					
5	31		月末在产品成本					
5	31		完工成品成本					

表 5-20　基本生产成本明细账

产品批号：711　　　　　　　　　　批量：20 件　　　　　　　　　　投产日期：5 月
产品名称：ZP-02 产品　　　　　　　完工：0 件　　　　　　　　　　完工日期：

2020 年		凭证号数	摘要	成本项目			合计
月	日			直接材料	直接人工	制造费用	
4	30		期初余额				
5	31		本月生产费用				
5	31		生产费用合计				

续表

2020年		凭证号数	摘要		成本项目			合计
月	日				直接材料	直接人工	制造费用	
5	31		约当产量	月末在产品				
5	31			完工产品				
5	31			合计				
5	31		分配率					
5	31		月末在产品成本					
5	31		完工成品成本					

表 5-21　基本生产成本明细账

产品批号：612　　　　　　　　　批量：32 件　　　　　　　　投产日期：4 月
产品名称：ZP-03　　　　　　　　完工：8 件　　　　　　　　　完工日期：

2020年		凭证号数	摘要	成本项目			合计
月	日			直接材料	直接人工	制造费用	
4	30		期初余额				
5	31		本月生产费用				
5	31		生产费用合计				
5	31		完工产品产量				
5	31		单位计划成本				
5	31		完工成品成本				
5	31		月末在产品成本				

(2)编制相关记账凭证,包含成本结转和入库(表 5-22 至表 5-25)。

表 5-22　转账凭证

年　月　日　　　　　　　　　　　　　　　　　凭证号数:

摘要	总账科目	明细科目	借方金额											贷方金额										
			千	百	十	万	千	百	十	元	角	分	千	百	十	万	千	百	十	元	角	分
合计																						

财务主管　　　　　　　　　　记账　　　　　　　　　复核　　　　　　　　　制单

表 5-23　转账凭证

年　月　日　　　　　　　　　　　　　　　　　凭证号数:

摘要	总账科目	明细科目	借方金额											贷方金额										
			千	百	十	万	千	百	十	元	角	分	千	百	十	万	千	百	十	元	角	分
合计																						

财务主管　　　　　　　　　　记账　　　　　　　　　复核　　　　　　　　　制单

表 5-24　转账凭证

　　　年　月　日　　　　　　　　　　　　　　　　　　　　凭证号数：

摘要	总账科目	明细科目	借方金额									贷方金额								
			千	百	十	万	千	百	十	元	角	分	千	百	十	万	千	百	十	元	角	分
	合计																					

财务主管　　　　　　　记账　　　　　　　复核　　　　　　　制单

表 5-25　转账凭证

　　　年　月　日　　　　　　　　　　　　　　　　　　　　凭证号数：

摘要	总账科目	明细科目	借方金额									贷方金额								
			千	百	十	万	千	百	十	元	角	分	千	百	十	万	千	百	十	元	角	分
	合计																					

财务主管　　　　　　　记账　　　　　　　复核　　　　　　　制单

实训 14　逐步综合结转分步法

一、实训目的

通过对逐步综合结转分步法内涵的了解,掌握综合结转分步法的工作原理和特点。

二、知识链接

产品成本计算分步法,简称"分步法",是按照产品生产步骤和产品品种归集分配生产费用,从而计算各产品成本的一种方法。

(一) 分步法的适用范围

分步法一般适用于连续、大量、大批多步骤生产企业的产品成本计算,如冶金、纺织、酿酒、砖瓦、机械制造等企业。这些企业的共同点是产品生产工艺过程清晰地划分为若干步骤。如冶金企业的生产可以分为炼铁、炼钢、轧钢等步骤;纺织企业的生产可以分为纺纱、织布、印染等步骤。

(二) 分步法的特点

(1) 以产品步骤作为成本计算对象

分步法是各种产成品成本及各步骤半成品成本为成本计算对象。采用分布法的企业对各生产步骤的成本管理需要提出更高的要求。在成本计算过程中,不仅需要按照产品品种计算各产品的成本,而且还需要按照产品生产步骤汇集生产费用,并计算各生产步骤的半成品成本。这有助于考核完工产品及其所经过生产步骤的成本计划执行情况。

(2) 按月定期计算产品成本

由于分步法同样适用于大量大批企业,因此与品种法相似,分步法成本计算是定期于月末进行的。即与会计报告期一致,和产品生产周期不一致。

(3) 生产费用需要在完工"产品"与在产品之间分配

与品种法不同,采用分步法进行成本计算时,需为每种产品及所经过的生产步骤设置产品成本计算单,来归集生产费用,计算产品成本。此外,各步骤之间需进行成本结转。这里需要充分理解广狭义完工产品和在产品的概念。

(三) 分步法的种类

多步骤生产可以进一步划分为连续式多步骤和装配式多步骤。结合具体多步骤的生产类型,并为了满足企业对成本管理要求,分步法在结转各步骤成本时又可分为逐步结转分步法和平行结转分步法两种。

其中,逐步结转分步法主要适用于有半成品对外销售和需要考核半成品成本的企业,特别是大量大批连续式多步骤生产企业。而平行结转分步法主要适用于成本管理上不要求计算半成品成本的企业,特别是半成品不对外销售的大量大批装配式多步骤生产企业。

(四) 逐步结转分步法的类型

逐步结转分步法是按照产品连续加工的先后顺序,分步骤计算半成品成本,并将各步骤的半成品成本,逐步结转到下一步骤生产成本明细账,直至最后步骤计算出产成品成本。其半成品既可以自用,也可以对外销售。由于该方法需要计算各生产步骤的半成品成本,因此逐步结转分步法也被称作"计算半成品成本分步法"。

采用逐步结转分步法,各生产步骤之间转移半成品实物的同时,半成品成本也需要结转。按照转入下一生产步骤基本生产成本明细账时半成品成本的反映方式不同,该方法可以分为综合结转法和分项结转法两种。

(1) 综合结转法

综合结转法是指各生产步骤在领用上一生产步骤的半成品时,将所耗上步骤半成品的成本综合记入其基本生产成本明细账户的"原材料"或"半成品"成本项目的方法。而不是将所将所耗上步骤的半成品按其成本构成项目,分别以"直接材料""直接人工"和"制造费用"转入下一步骤基本生产成本明细账的相应项目之中。这种计算方法的特点是简便,但不能反映原始成本的构成。

半成品成本的综合结转,可以按照生产步骤所产半成品的实际成本结转,也可以按照企业确定的半成品计划成本(或定额成本)结转。这就是综合结转法的两种细分类型。

采用综合结转分步法计算产品成本的程序,具体如下。

① 确定每种产品及其所经过的生产步骤为成本计算对象,分别设置成本明细账和产品成本计算单。

② 第一步骤根据本步骤发生的各种生产费用,计算该步骤完工半成品成本,直接转入下一步骤或转入半成品仓库。

③ 第二步骤以后的各生产步骤,将从上一步骤或半成品库转入的半成品成本,以"半成品"或"直接材料"综合项目计入本步骤成本计算单中,再加上本步骤发生的费用,计算出本步骤完工的半成品成本,再以综合项目转入下一步骤成本计算单中。

④ 最后步骤计算出完工产品的成本。成本计算单中归集的生产费用合计数扣除月末在产品成本，即为完工产品成本。

（2）分项结转法

分项结转分步法，是指按照产品加工顺序，将上一步骤半成品成本按原始成本项目分别转入下一步骤成本计算当中相应的成本项目内，逐步计算并结转半成品成本，直到最后加工步骤计算出产成品成本的一种逐步结转分步法。

区别于综合结转分步法，分项结转分步法最主要的特点就是各步骤基本生产成本明细账中不设置"自制半成品"成本项目，因此也不必对最终完工产成品的成本进行还原计算。同样，该方法也存在一个问题就是，在各步骤完工产品成本中看不出所耗上步骤半成品成本的数额，从企业成本管理的角度，则不便于进行精确的成本分析和有效的成本考核。

（五）综合结转法的成本还原

由于各步骤所耗半成品成本是以"半成品"或"直接材料"项目综合反映的，因此这样计算出来的产品成本，不能准确反映原始成本的构成，也不利于加强对产品成本的管理。因此，需要对综合结转法下的产品成本进行"成本还原"，即将完工产品中所耗"半成品"的综合成本逐步分解，还原成"直接材料""直接人工"和"制造费用"等原始的成本项目，从而求得按其原始成本项目反映的产品成本资料。

成本还原主要采用倒序法，即从最后一个步骤开始，把各步骤所耗上一步骤的"半成品"的综合成本，按照上一步骤本月完工半成品的成本项目的比例分解还原为原来的成本项目。成本还原具体方法主要有项目结构率法和还原分配率法两种。

（1）项目结构率法

项目结构率法是指根据本月产品成本中所耗费上一步骤本月完工半成品各成本项目金额占本月完工该种半成品总成本的比重，据以将本步骤耗费的半成品成本分解还原，从而取得完工产品原始成本结构的方法。具体计算步骤及公式如下。

① 计算成本还原分配率。这里的成本还原分配率是指各步骤完工产品成本构成。即各成本项目占全部成本的比重，其计算公式如下：

$$成本还原分配率 = \frac{上步骤本月完工半成品各成本项目金额}{上步步骤完工半成品成合计}$$

② 将半成品的综合成本进行分解。分解的方法是用产成品成本中半成品的综合成本乘以上一步骤生产该种半成品各成本项目的比重。其计算公式如下：

$$半成品成本还原 = 本月产月产成品耗用上半成品的成本 \times 还原分配率$$

（2）还原分配率法

还原分配率法是指以本月产品成本中所耗费上一步骤半成品的综合成本占该种半

成品总成本的比例,分别乘以所耗费该种半成品的各个成本项目金额进行还原,从而取得完工产品原始成本的方法。具体计算步骤及公式如下。

① 计算成本还原分配率。它是指产成品成本中半成品成本占上一步骤所产该种半成品总成本的比重,其计算公式如下：

$$成本还原分配率 = \frac{本月完工产品成本耗用上步骤半成品成本合计}{上步骤本月完工半成品成本合计}$$

② 计算半成品成本还原,它是用成本还原分配率乘以本月生产该种半成品成本项目的金额,其计算公式如下：

$$半成品成本还原 = 成本还原分配率 \times 本月生产该种半成品成本项目金额$$

三、实训要求

（1）根据生产费用及产量资料计算半成品成本,编制"步骤一产品成本明细账"。

（2）根据步骤一完工和步骤二投产资料,编制"原材料——自制半成品明细账"。

（3）根据步骤二领用自制半成品、其他生产费用及产量资料,编制"步骤二产品成本明细账"。

（4）编制记账凭证,包含各步骤成本结转、半成品及完工产品入库。

（5）采用还原分配率法,对产品成本进行成本还原。

四、实训资料

（一）归集分配示意图

如图 5-3 所示。

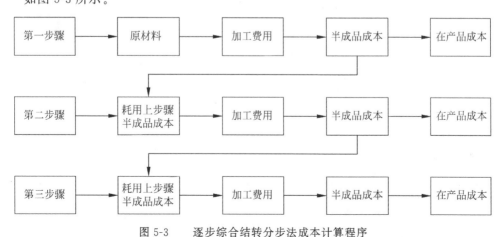

图 5-3　逐步综合结转分步法成本计算程序

(二)实训具体资料

本实训以钢构二车间为例,该车间 GGE-01 产品需经过两个步骤进行连续加工完成。

所需原材料于生产开始时一次投入。第 1 道工序,即步骤一生产完工的 GGE-01 半成品交半成品库,在"原材料"账户下设"原材料——自制半成品"专户进行核算;第 2 道工序,即步骤二从半成品库领用后继续加工生产出 GGE-01 产品,领用的半成品按实际成本计价(采用加权平均法)。

该公司采用综合结转法计算产品成本。月末在产品成本采用约当产量法计算,两个车间的月末在产品完工率均为 50%。

2020 年 5 月,"原材料——自制半成品"账户期初结存 GGE-01 半成品 400 件,单位成本 178.5 元。

该月钢构二车间其他有关产量资料和费用资料如表 5-26 和表 5-27 所示。

表 5-26 产品产量汇总表

车间:钢构二车间　　　　　　　　　　　　　　　　　　　　　　　单位:件

项目	步骤一 GGE-01 半成品	步骤二 GGE-01 产品
期初在产品	300	500
本月投产	1 700	1 900
本月完工	1 800	2 000
月末在产品	200	400

表 5-27 产品生产成本汇总表

车间:钢构二车间　　　　　　　　　　　　　　　　　　　　　　　单位:元

成本项目	月初在产品成本		本月发生费用	
	步骤一	步骤二	步骤一	步骤二
直接材料	72 000	69 600	168 000	—
直接人工	21 000	24 000	36 000	61 800
制造费用	30 000	36 000	55 500	82 800
合计	123 000	129 600	259 500	144 600

（1）根据生产费用及产量资料计算半成品成本，编制步骤一的产品成本明细账（表5-28）。

表5-28 步骤一产品成本明细账

2020年5月31日　　　　　　　　　　　　　　　　　本月完工：1800件

产品名称：GGE-01半成品　　　　　　　　　　　　　月末在产品：200件

2019年		凭证号数	摘要		成本项目			合计
月	日				直接材料	直接人工	制造费用	
4	30		期初余额					
5	31		本月生产费用					
5	31		生产费用合计					
5	31		约当产量	月末在产品				
5	31			完工产品				
5	31			合计				
5	31		分配率（单位成本）					
5	31		月末在产品成本					
5	31		完工成品成本					

（2）根据步骤一完工和步骤二投产资料，编制"原材料——自制半成品明细账"（表5-29）。

表5-29 原材料明细账

类别：自制半成品

产品名称：GGE-01半成品

摘要	收入			发出			结存		
	数量	单位成本	总成本	数量	单位成本	总成本	数量	单位成本	总成本
本期入库									
本期发出									
期末结存									

（3）根据步骤二领用自制半成品、其他生产费用及产量资料，编制"步骤二产品成本明细账"（表 5-30）。

表 5-30 步骤二产品成本明细账

产品名称：GGE-01 产品　　　　　2020 年 5 月 31 日　　　　　本月完工：2 000 件　　月末在产品：400 件

2019 年		凭证号数	摘要	成本项目			合计
月	日			直接材料	直接人工	制造费用	
4	30		期初余额				
5	31		本月生产费用				
5	31		生产费用合计				
5	31		约当产量	月末在产品			
5	31			完工产品			
5	31			合计			
5	31		分配率（单位成本）				
5	31		月末在产品成本				
5	31		完工成品成本				

（4）编制记账凭证，包含各步骤成本结转、半成品及完工产品入库（表 5-31 至表 5-33）。

表 5-31 转账凭证

年　月　日　　　　　　　　　　　　　　凭证号数：

摘要	总账科目	明细科目	借方金额										贷方金额									
			千	百	十	万	千	百	十	元	角	分	千	百	十	万	千	百	十	元	角	分
步骤一半成品入库																							
	合计																						

财务主管　　　　　　　　　记账　　　　　　　　　复核　　　　　　　　　制单

表 5-32　转账凭证

年　月　日　　　　　　　　　　　　　　　凭证号数：

摘要	总账科目	明细科目	借方金额										贷方金额									
			千	百	十	万	千	百	十	元	角	分	千	百	十	万	千	百	十	元	角	分
步骤二领用自制半成品																							
合计																							

财务主管　　　　　　　记账　　　　　　　复核　　　　　　　制单

表 5-33　转账凭证

年　月　日　　　　　　　　　　　　　　　凭证号数：

摘要	总账科目	明细科目	借方金额										贷方金额									
			千	百	十	万	千	百	十	元	角	分	千	百	十	万	千	百	十	元	角	分
步骤二完工产品入库																							
合计																							

财务主管　　　　　　　记账　　　　　　　复核　　　　　　　制单

(5) 采用还原分配率法,对 GGE-01 产品成本进行成本还原(表 5-34)。

表 5-34　产品成本还原计算表

产品名称:GGE-01 产品　　　　　2020 年 5 月 31 日　　　　　产量:2 000 件

项目	成本还原率	成本项目				
		半成品	直接材料	直接人工	制造费用	合计
还原前产品总成本						
上步本月完工半成品成本						
半成品成本还原						
还原后产品总成本						
还原后产品单位成本						

实训 15　平行结转分步法

一、实训目的

通过对平行结转分步法内涵的了解,掌握平行结转分步法的工作原理和特点,特别是掌握逐步结转分步法和平行结转分步法存在的差异和优缺点。

二、知识链接

采用平行结转分步法的企业,在进行成本计算时,各步骤不计算半成品成本。因此,也称作"不计算半成品成本的分步法"。该方法按生产步骤归集生产费用,并计算出各生产步骤应计入当期完工产品成本的"份额",再将各生产步骤应计入相完工产品成本的份额平行汇总,最终计算出完工产品成本的一种方法。

该方法主要在半成品种类较多,又很少对外销售的企业采用;且不适用于不需提供各步骤半成品成本资料的企业采用。

(一) 平行结转分步法的特点

首先,在平行结转分步法中,各生产步骤的半成品都不作为成本计算对象,各步骤的成本计算都是为了算出最终产品的成本。即不计算半成品成本,只计算本步骤所发生的生产费用。其次,除了不计算半成品成本外,各步骤之间也不结转半成品成本,只是在企业的产成品入库时,才将各步骤费用中应计入产成品成本的份额从各步骤产品成本明细账中转出。简言之,该方法下的实物流转与半成品成本结转是相互分离的。

上述是平行结转分步法的两个主要特点。此外,采用平行结转分步法,每一生产步骤的生产费用也要在其完工产品与月末在产品之间进行分配。

(二)平行结转分步法的成本计算程序

采用平行结转分步法计算产品成本时,成本计算的具体程序如下。

① 按每种产品的品种及其所经过的生产步骤设置生产成本明细账和产品成本计算单。

② 按每种产品和所经过的生产步骤归集生产费用,并计算出每一步骤所发生的生产费用总额。

③ 采用一定方法计算每一生产步骤应计入产成品成本中的份额。这里需要厘清在产品和完工产品的范围。其中,该方法下的完工产品指的是最后步骤完工的产成品;而在产品则指的是广义在产品,不但包括本步骤尚未完工的在产品,而且还包括本步骤加工完成转入下一步骤或半成品库,尚未制成为产成品的在产品。实际所需分配的费用只是本步骤发生的费用,不包括上一步周转入的半成品成本。若在产品成本按约当产量法计算,则各步骤应计入产成品中的份额计算,如下:

$$\text{某步骤应计入产成品成本的份额} = \text{产成品数量} \times \text{单位产成品耗用该步骤半成品的数量} \times \text{该步骤半成品单位成本}$$

④ 将各生产步骤中应计入产成品成本中的份额平行汇总,计算出每种产成品的成本。

⑤ 将归集的各步骤产品生产费用,扣除上述应计入产成品成本的份额,剩下的生产费用即为在产品的成本。

(三)综合结转分步法与平行结转分步法的不同

综合结转分步法与平行结转分步法都隶属于分步法,其最终目的都是借助各步骤的划分,计算出产品的生产成本。但两者仍然存在很多不同之处,主要表现在以下几个方面。

① 成本计算程序不同:逐步结转分步法在计算成本时时按产品的生产过程逐步计算并结转半成品及其成本,在最后步骤计算出完工产成品成本;平行结转分步法各步骤只计算该步骤应计入产成品成本的份额,将各步骤应计入产成品份额进行平行汇总,进而计算完工产成品成本。

② 各步骤费用不同:逐步结转分步法中每一步骤应分配的费用既包括本步骤发生的费用,也包括上一步骤转入的半成品成本;平行结转分步法下各步骤应分配的费用,只

包括本步骤发生的费用。

③ 完工产品的概念不同：逐步结转分步法下的完工产品不仅包括最后步骤完工的产成品，而且还包括各步骤完工的半成品；平行结转分步法下的在产品是广义在产品。

④ 在产品的概念不同：逐步结转分步法下的在产品是狭义在产品；平行结转分步法下的在产品是广义在产品。

⑤ 实物与成本结转方式不同：逐步结转分步法下，成本与实物结转是同步的；平行结转分步法成本与实物结转不一致，即当半成品转入下一步骤时，其成本并不结转。

⑥ 成本计算的及时性不同：逐步结转分步法需要按步骤顺序进行成本计算，即上一步骤成本计算完后才能进行后续步骤的成本计算；平行结转分步法各步骤可以同时进行计算，相比逐步结转分步法，这可以加快成本计算的速度。

三、实训要求

（1）根据相关汇总信息，编制"步骤一、步骤二、步骤三产品成本明细账"和"产品成本计算汇总表"。

（2）编制记账凭证，包含各步骤成本结转、半成品及完工产品入库。

四、实训资料

（一）归集分配示意图

如图 5-4 所示。

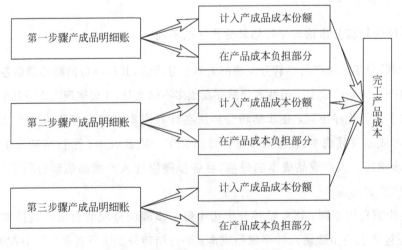

图 5-4　平行结转分步法成本计算程序

（二）实训具体资料

本实训以钢构二车间为例。假设 2020 年 5 月该车间生产 GGE-02 产品共 920 件,需经过 3 道工序连续加工完成。

原材料于生产开始时一次投入,步骤一完工的半成品全部转移给步骤二加工（半成品成本不转移,仍保留在步骤一基本生产成本明细账内,下同）；步骤二完工的半成品全部转移给步骤三生产出完工产品。

该车间采用平行结转分步法计算产品成本。月末,采用约当产量法分配完工产品与期末在产品的费用,各步骤在产品完工程度均为 50%。

2020 年 5 月,钢构二车间有关产量和费用资料如表 5-35 和表 5-36 所示。

表 5-35 产品产量汇总表

车间：钢构二车间　　　　　　　　　　　　　　　　　　　　　　　　　　　单位：件

项目	步骤一	步骤二	步骤三
期初在产品	40	120	200
本月投产	1 000	880	800
本月完工	880	800	920
月末在产品	160	200	80

表 5-36 产品生产成本汇总表

车间：钢构二车间　　　　　　　　　　　　　　　　　　　　　　　　　　　单位：元

项目	月初在产品成本			本期生产费用		
	步骤一	步骤二	步骤三	步骤一	步骤二	步骤三
直接材料	270 000	—	—	648 000	—	—
直接人工	42 000	51 000	24 000	150 000	180 000	235 200
制造费用	60 000	66 000	36 000	170 400	181 500	252 000
合计	372 000	117 000	60 000	968 400	361 500	487 200

（1）根据相关汇总信息,编制"步骤一、步骤二、步骤三产品成本明细账"和"产品成本计算汇总表"（表 5-37 至表 5-40）。

表 5-37　步骤一产品成本明细账

产品名称：GGE-02 产品　　　　2020 年 5 月 31 日　　　　　　　产量：880 件

2019 年		凭证号数	摘要		成本项目			合计
月	日				直接材料	直接人工	制造费用	
4	30		期初余额					
5	31		本月生产费用					
5	31		生产费用合计					
5	31		约当产量	广义在产品				
5	31			完工产品				
5	31			合计				
5	31		分配率					
5	31		广义月末在产品成本					
5	31		转入完工产品份额					

表 5-38　步骤二产品成本明细账

产品名称：GGE-02 产品　　　　2020 年 5 月 31 日　　　　　　　产量：800 件

2019 年		凭证号数	摘要		成本项目			合计
月	日				直接材料	直接人工	制造费用	
4	30		期初余额					
5	31		本月生产费用					
5	31		生产费用合计					
5	31		约当产量	广义在产品				
5	31			完工产品				
5	31			合计				
5	31		分配率					
5	31		广义月末在产品成本					
5	31		转入完工产品份额					

表 5-39 步骤三产品成本明细账

产品名称：GGE-02 产品　　　　　　2020 年 5 月 31 日　　　　　　产量：920 件

2019 年		凭证号数	摘要		成本项目			合计
月	日				直接材料	直接人工	制造费用	
4	30		期初余额					
5	31		本月生产费用					
5	31		生产费用合计					
5	31		约当产量	广义在产品				
5	31			完工产品				
5	31			合计				
5	31		分配率					
5	31		广义月末在产品成本					
5	31		转入完工产品份额					

表 5-40 产品成本计算汇总表

产品名称：GGE-02 产品　　　　　　2020 年 5 月 31 日　　　　　　产量：920 件

摘要		直接材料	直接人工	制造费用	合计
应计入产品成本的份额	步骤一				
	步骤二				
	步骤三				
总成本					
单位成本					

(2) 编制记账凭证,包含各步骤成本结转及完工产品入库(表 5-41 至表 5-44)。

表 5-41　转账凭证

年　月　日　　　　　　　　　　　　　　　凭证号数：

摘要	总账科目	明细科目	借方金额										贷方金额									
			千	百	十	万	千	百	十	元	角	分	千	百	十	万	千	百	十	元	角	分
步骤一成本结转																							
合计																							

财务主管　　　　　　记账　　　　　　复核　　　　　　制单

表 5-42　转账凭证

年　月　日　　　　　　　　　　　　　　　凭证号数：

摘要	总账科目	明细科目	借方金额										贷方金额									
			千	百	十	万	千	百	十	元	角	分	千	百	十	万	千	百	十	元	角	分
步骤二成本结转																							
合计																							

财务主管　　　　　　记账　　　　　　复核　　　　　　制单

表 5-43　转账凭证

年　月　日　　　　　　　　　　　　　　　　　　凭证号数：

摘要	总账科目	明细科目	借方金额										贷方金额									
			千	百	十	万	千	百	十	元	角	分	千	百	十	万	千	百	十	元	角	分
步骤三成本结转																						
	合计																					

财务主管　　　　　　　　记账　　　　　　　　复核　　　　　　　　制单

表 5-44　转账凭证

年　月　日　　　　　　　　　　　　　　　　　　凭证号数：

摘要	总账科目	明细科目	借方金额										贷方金额									
			千	百	十	万	千	百	十	元	角	分	千	百	十	万	千	百	十	元	角	分
完工成品入库																						
	合计																					

财务主管　　　　　　　　记账　　　　　　　　复核　　　　　　　　制单

扫码阅读

实训参考答案

附录

企业产品成本核算制度（试行）

扫码阅读

教师服务

感谢您选用清华大学出版社的教材！为了更好地服务教学，我们为授课教师提供本书的教学辅助资源，以及本学科重点教材信息。请您扫码获取。

≫ 教辅获取

本书教辅资源，授课教师扫码获取

≫ 样书赠送

会计学类重点教材，教师扫码获取样书

 清华大学出版社

E-mail: tupfuwu@163.com
电话: 010-83470332 / 83470142
地址: 北京市海淀区双清路学研大厦 B 座 509

网址: https://www.tup.com.cn/
传真: 8610-83470107
邮编: 100084